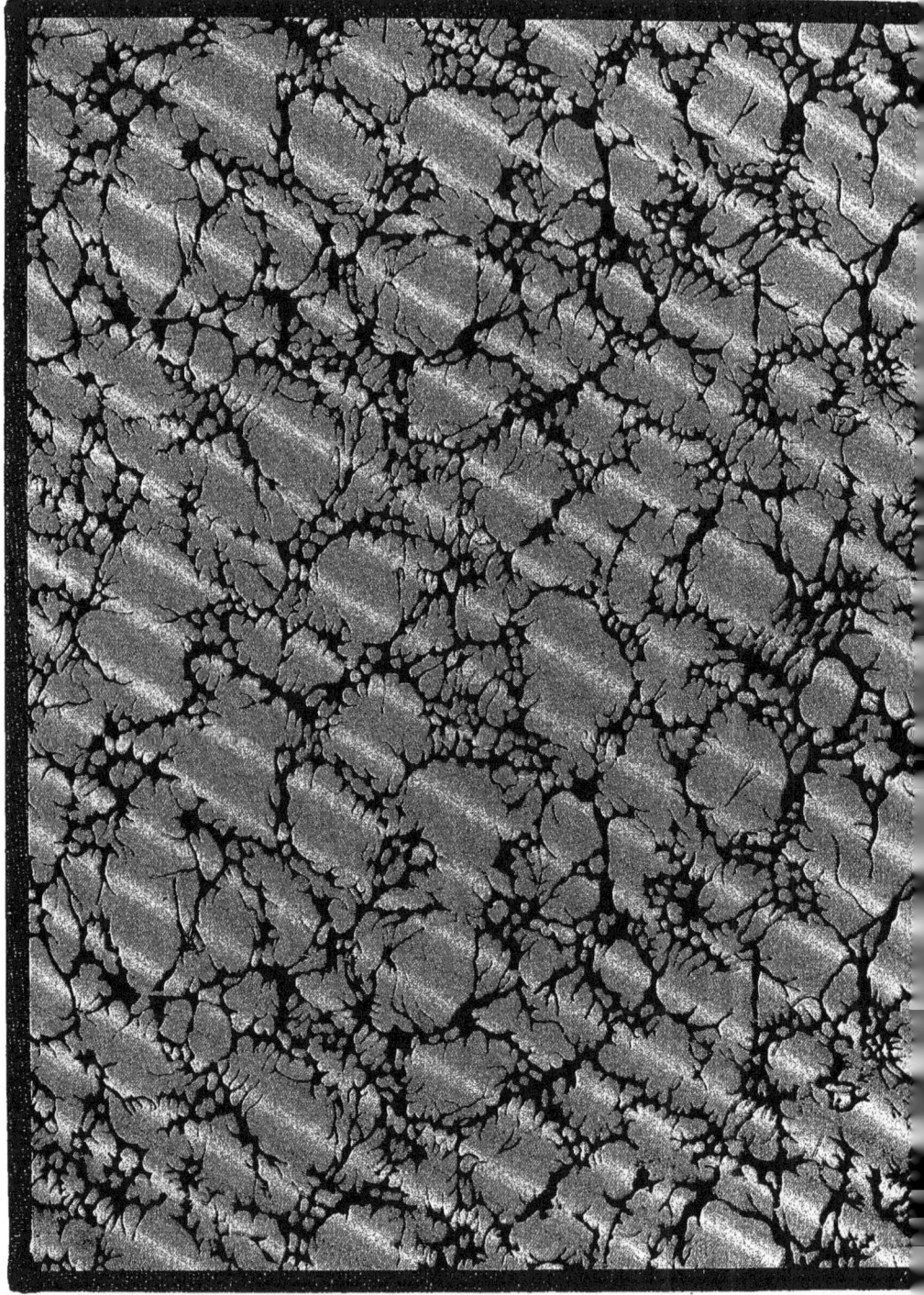

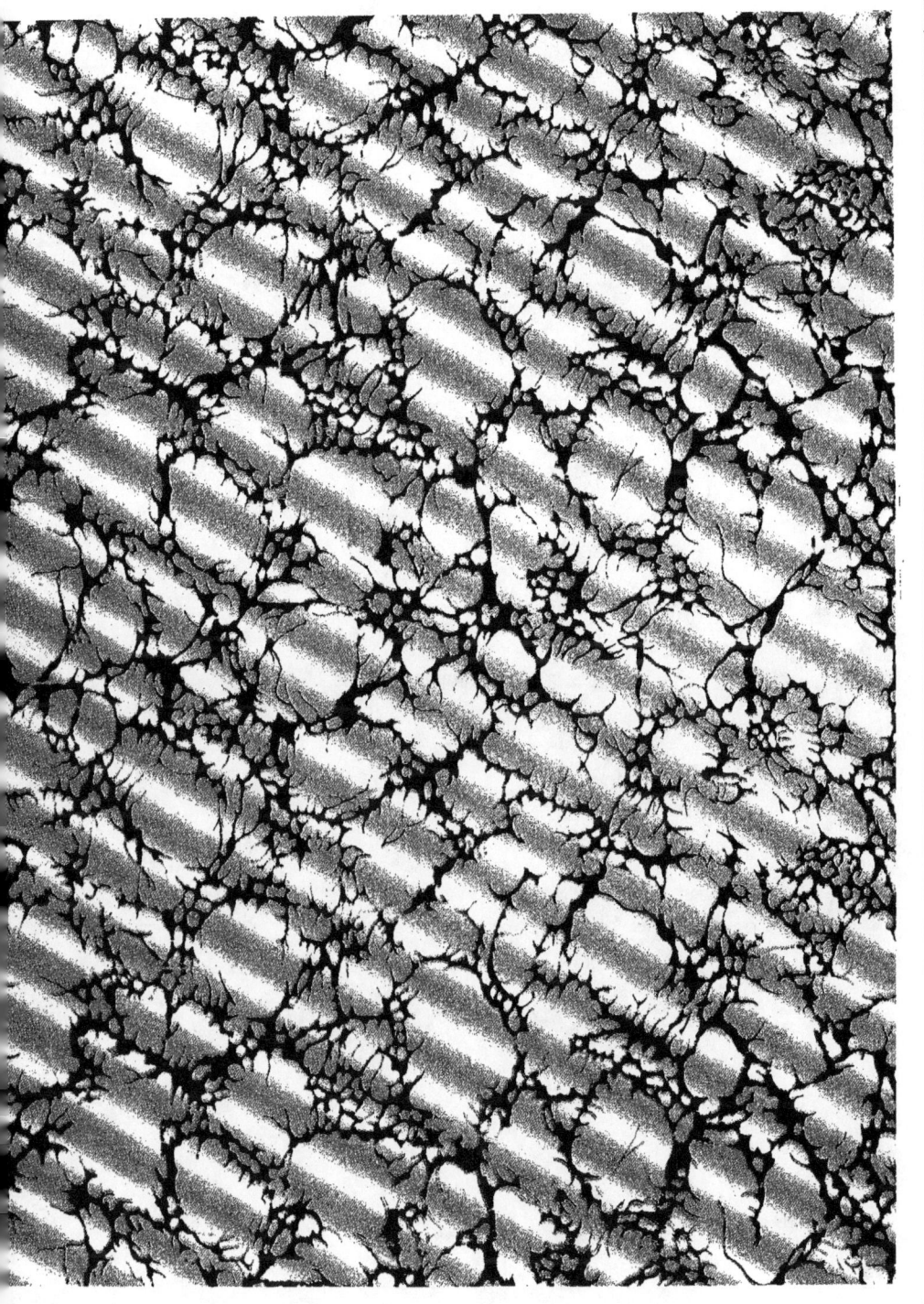

Reliure Devel 1989

LA CRÉATION

LES MIGRATIONS AUX TEMPS GÉOLOGIQUES

LES
PREMIÈRES DATES DE L'HISTOIRE

ET

LES PREMIÈRES RACES HUMAINES
SUIVANT LA BIBLE

PAR

Le Vicomte François de SALIGNAC FÉNELON

TOULOUSE

IMPRIMERIE ET LIBRAIRIE ÉDOUARD PRIVAT

14, RUE DES ARTS, 14

1908

LA CRÉATION

LA CRÉATION

LES MIGRATIONS AUX TEMPS GÉOLOGIQUES

LES

PREMIÈRES DATES DE L'HISTOIRE

ET

LES PREMIÈRES RACES HUMAINES

SUIVANT LA BIBLE

PAR

Le Vicomte François de SALIGNAC FÉNELON

TOULOUSE

IMPRIMERIE ET LIBRAIRIE ÉDOUARD PRIVAT

14, RUE DES ARTS, 14

1908

ERRATA ET CORRIGENDA

Page 17, *au lieu de*	Dictyotales,	*lire*	Dictyotaceæ.
—	—	..... Phœosporales,	—	Phæosporeæ.
Page 33,	—	 2341,	—	2431.
—	—	 2221,	—	2421.
Page 36,	—	..... Amènophis,	—	Amenophis.
—	—	 1218,	—	1208.
Page 40,	—	..... Charran,	—	Charan.
Page 45,	—	..... Masaïs,	—	Massais.
Page 49,	—	..... Sarrazins,	—	Sarrasins.

LA CRÉATION

État des Éléments Terrestres au Premier Jour.

Chaos de la Matière. — Ténèbres sur l'abîme. — Esprit de Dieu planant sur les eaux.

Esprit de Dieu préparant l'évolution des forces élémentaires de la Nature, sous leurs formes diverses de Lumière, Chaleur, Energie, qui sont les conditions d'origine et de développement des Êtres vivants : le Commentaire Chaldaïque l'appelle l'« Esprit des Amours ».

Création des premiers Eléments dans l'Univers : il paraît exister des Formes de substances qui ne sont ni matière ni éther, mais intermédiaires entre l'une et l'autre — peut-être la substance primordiale dont la matière est l'évolution. Dans cette substance éthérée se trouve accumulée une réserve en quelque sorte inépuisable d'énergie, dont la dépense a pour résultat la condensation de la substance en matière.

Premier Jour.

Création de la Lumière, division de la Lumière, Jour, et des Ténèbres, Nuit. — Premier effet apparent de la rotation planétaire. — Soir et Matin, Premier Jour.

Modification de l'éther existant pour transmettre l'ondulation de la Lumière, dans la seule direction droite, et radiations lumineuses de Soleil à Soleil.

Deuxième Jour.

Division de l'atmosphère comme par une courbe étendue entre les eaux supérieures et les eaux inférieures. — Condensation et vaporisation des éléments de l'eau à la surface et autour de la Terre, Cieux ou Firmament. — Soir et Matin, Deuxième Jour.

Création de l'azote ou nitrogène, manquant à l'atmosphère, et commencement de vaporisation : formation des milieux gazeux propres au rayonnement de la chaleur solaire et à la vie des êtres organisés.

Troisième Jour.

Les eaux sont réunies, eaux inférieures, en un seul lieu ou réceptacle, et la terre continentale ou insulaire apparaît, émergeant des eaux. Production première des Végétaux, Herbes et Arbres. — Les Mers et la Terre.

Premières périodes Géologiques jusqu'au Carbonifère, l'atmosphère sans astres ni rayonnement proprement dit de Lumière, encore impropre à la vie animale, au moins dans son organisation supérieure. — Soir et Matin, Troisième Jour.

Radiations calorifiques des Soleils et leur action apparente à la surface planétaire ; forces magnétiques créées, produisant les soulèvements telluriques et séparant les Océans des Terres : création des Plantes Fourragères, des Céréales et Végétaux comestibles et des Arbres à Fruits, embrassant toutes les périodes suivantes. — Végétaux, êtres vivants capables de reproduction spontanée.

Quatrième Jour.

Manifestation, pour la planète terrestre et à cette époque, des Astres ou Luminaires dans le Firmament des Cieux, ainsi que des Etoiles. Division de la Lumière ou Jour et des Ténèbres ou Nuit, et destination du plus grand Luminaire pour présider au Jour, du plus petit Luminaire pour présider à la Nuit, éclairer la Terre, et servir de signes, de temps, de désignation des Jours et des Années.

Soleil et Lune rendus visibles avec les autres astres dans l'atmosphère terrestre.
— Soir et Matin, Quatrième Jour.

Création des Forces produisant la condensation successive, depuis les périodes précédentes, du Soleil, de la Lune et des Etoiles, pour leur luminosité et chaleur.

> Époque ou Ère des Fougères et Cryptogames, jusqu'au Jurassique, Troisième et Quatrième Jour de la Création.
> Premiers Animaux jusqu'aux Poissons et Oiseaux, ou Amphibies, surtout à branchies ou aquatiques.
> Origines des Créodontes.

Cinquième Jour.

Production des Êtres Vivants sortis des Eaux, des Oiseaux sur la Terre et sous le Firmament des Cieux. Création des Grands Cétacés et Animaux aquatiques des Mers ainsi que des Poissons, Sauriens, Amphibies et Reptiles des eaux salées, des Oiseaux et des Animaux ailés. — Soir et Matin, Cinquième jour.

Création des Êtres avec âme capable de sensation ou sensibilité consciente et de motion générale progressive, soit à sang froid, soit à sang chaud.

> Époque ou Ère des Conifères et Gymnospermes, Jurassique.
> Division des Animaux en Poissons et Oiseaux, et généralement en branchiates et trachéates.
> Amphibies et Reptiles surtout Aquatiques et Marins : premiers Marsupiaux, Cétacés, Edentés, premiers Siréniens et Rongeurs; Carnivores marins et origines des Ungulates.

Sixième Jour.

Production des Êtres Vivants Terrestres en général et des Animaux terrestres formés de la Terre, des plus grands Mammifères, Amphibies et Types Vivants, ainsi que des Reptiles d'origine Terrestre.

Création des Êtres passant des Ovipares à sang chaud aux Mammifères, des Quadrupèdes, des Reptiles Terrestres et des eaux douces.

> Époque ou Ère des Composées, Lobéliacées et autres, Angiospermes depuis Infra-Crétacé.
>
> Amphibies et Reptiles surtout Terrestres et d'eau douce;
>
>> Mammifères :
>>
>> Epoque Crétacée, Marsupiaux, Reptiles;
>> Fin de Crétacé, Créodontes, premiers Insectivores et Primates, premiers Ungulates;
>> Tertiaire, Carnivores Terrestres, Insectivores, Cheiroptères, Primates, Ungulates ainsi que Siréniens et Rongeurs.
>> Eocène avec Oligocène : Ordres de Mammifères (et autres); Miocène : Familles; Pliocène : Genres; Pleistocène : Espèces; Quaternaire : Sous-Espèces et Variétés.
>> Migrations Tropicales des Plantes avant Glaciaire; Antarctiques pendant le Glaciaire, et générales, en retour, après période Glaciaire.

Fin d'époque Glaciaire, avant nouvelle apparition des Plantes Ornementales, des Arbres à Fruits, des Céréales ou Végétaux comestibles; vapeurs d'eau, sans pluies régulières ni cultures sur la Terre.

Création de l'Homme, à l'image et ressemblance de Dieu, pour dominer sur les Poissons de la Mer, les Oiseaux des Cieux, les Grands Animaux et sur toute la Terre, sur tous les Reptiles se mouvant sur la Terre. — Création d'Adam : Ils sont créés Homme et Femme, et appelés Ā-dam au jour de leur Création, c'est-à-dire, en Sumérien « Epouse tirée du côté ou du flanc de l'Époux » ou le couple humain; terme applicable à la Création entière des Êtres Animés. Dieu leur donne tous les Végétaux de la Terre, ainsi qu'à tous les Animaux, pour leur nourriture. — Soir et Matin, Sixième Jour.

Achèvement de la Terre et des Cieux, et de tout leur Ornement. Dieu achève le Septième Jour toutes ses œuvres et prend son repos. Il bénit et sanctifie le Septième Jour, où il s'est reposé de toutes ses Œuvres de la Création.

Les phases successives de la Création de la Terre habitable sont rappelées par les six jours naturels, et le Septième Jour représente le repos qui mit fin aux Œuvres de Dieu.

Apparition de l'Homme depuis l'Age Glaciaire.

La plus rapprochée des Dates marquant la fin de la dernière ou deuxième Epoque Glaciaire est celle de six mille ans en moyenne, la plus éloignée ne paraît pas dépasser dix mille années. Elle se calcule, par exemple, sur les érosions cinquantenaires du Niagara, divisées par la longueur de son cañon (approximativement), qui n'a pu être ouvert que depuis cette époque; de même, sur les dépôts des moraines de ceux des Glaciers des Alpes et de la Scandinavie qui commencèrent à se former à cette époque.

Les Animaux fossiles de la première Epoque Glaciaire, mêlés à ceux du Pliocène, entre autres l'Elephas antiquus et le Rhinoceros Merckii, subsistaient encore à l'Epoque ou aux Epoques interglaciaires; leurs restes, mélangés aux squelettes des Hommes de la Pierre Polie, peuvent prouver tout aussi bien que ceux-ci ont vécu dans des régions où la deuxième Epoque Glaciaire, plus froide que la première, n'avait pas eu la même extension.

Les Animaux fossiles qui existaient déjà lors de la première Epoque Glaciaire, entre autres l'Elephas primigenius ou le Mammouth et le Rhinoceros tichorhinus, mêlés aux ossements des Hommes de l'âge de la Pierre Polie, prouvent seulement que ces derniers se sont rencontrés avec eux dans des contrées où a pu s'étendre la deuxième invasion glaciaire, que ces Animaux ont traversée en continuant leur existence, mais après la fin de cette invasion ou deuxième Epoque de l'Age de Glace.

Rien n'établit donc que l'Homme ait paru sur la Terre avant la fin de l'Age Glaciaire.

L'Age de la Pierre Polie et l'Age du Bronze.

Les Générations qui partent de Caïn, dans les documents de la Genèse biblique, s'arrêtent à Tubalcaïn, l'inventeur des ouvrages d'airain. Leur durée, comparée à celle des autres générations d'Adam et de Seth jusqu'au Déluge, atteint, pour cinq

générations, comptées dans cet intervalle, six cents à six cent cinquante ans. L'Age de la Pierre Polie, jusqu'à cette invention des Caïnites, a pu durer le long de cette Période. L'Age de Bronze le suit, historiquement, jusqu'au Déluge.

Après le Déluge, et la Confusion des Langues, les races des Noachides, dispersées au loin sur la Terre, ont pu reprendre, pendant quelques siècles, le même progrès de civilisation primitive, tandis que leur type ethnique restait d'abord le même, comparé aux Hommes ayant vécu jusqu'au Déluge.

Dans les Monuments de l'ancien Empire Egyptien, les Soudanais du Nil sont représentés avec des lances de silex, comme celles des Berbères primitifs des Oasis du Sahara, tandis que les Fellahs de l'Egypte portent des arcs et des flèches garnis de bronze.

La Famille Humaine, identifiée au genre et à l'espèce, présente dans ses diverses races autant de variétés d'un même type qui se sont formées depuis les origines de l'Histoire.

Le Déluge.

Entrée de Noé dans l'Arche avec les siens, parmi lesquels se comptent Mathusalem et Lamech, la veille du Sabbat et le Déluge le soir du Sabbat primitif.

Dépression terrestre du nord-ouest des côtes d'Ecosse à l'ouest du Cap Comorin, et du lac d'Aral au Nil ; centre, nord des monts Zagros (du golfe Persique à l'Arménie), c'est-à-dire, plateaux au sud de l'Ararat — 2.000 pieds ou 600 mètres environ aux extrémités, ouest d'Europe, et au-delà dans le centre de la cuvette de dépression.

Raz de Marée : évaporation solaire intense et formation de vapeurs atmosphériques avec précipitations torrentielles renouvelées par les courants des vents convergeant vers la dépression : 60 ou 120 pieds — trente à soixante mètres — d'eau douce où demeurent les faunes aquatiques, ainsi que les plantes submergées, comme les oliviers, même sous la nappe d'eau salée : quarante jours de croissance et 50 pieds ou 15 mètres par jour d'eaux diluviennes qui recouvrent la Terre et ses 200 millions d'habitants, au milieu de l'obscurité des Cieux : les vapeurs restent encore condensées jusqu'à la fin des 150 jours ; l'Arche, portée par le courant vers le centre de la dépression, flotte dans dix mètres d'eau environ, puis s'arrête sur le plateau, mais non en vue des pics de l'Ararat.

La décroissance des eaux, en même temps que le relèvement accéléré de la dépression terrestre, occupe environ 150 jours.

Les Animaux sauvages ou domestiques, par couples, les Reptiles ou petits Mammifères, les Oiseaux de toute espèce dans la région submergée, sont conservés dans l'Arche.

Commentaire des quatre Premiers Jours.

La Terre présentait l'aspect d'une immensité déserte d'eaux bouillonnantes : nulle apparence ni réalité de vie au-dessus ou au-dessous de l'Océan, ni à sa surface : un voile de ténèbres impénétrables la recouvrait.

« L'Esprit de Dieu planait sur les eaux agitées », sa présence signifiant la Création d'une énergie nouvelle.

La Terre, qui jadis était une masse de matière en fusion et en rotation, s'était refroidie suffisamment pour laisser se former à sa surface une croûte de la même matière, que la chaleur, diminuée graduellement, avait aplanie, et qui était devenue assez solide pour porter des masses liquides énormes. Cette surface offrait des dépressions ou élévations peu considérables, peut-être des boursouflures géantes, à différents points, produites par la non-homogénéité partielle de la masse en refroidissement, mais sans grandes irrégularités, montagnes ou vallées, de sorte que la profondeur de l'Océan était à peu près uniforme. Cependant, sa température était encore si haute que les eaux étaient en agitation perpétuelle, augmentée par l'attraction des Marées lunaires. Aucun vent ou tempête ne causait cette agitation, puisque l'atmosphère terrestre n'existait pas.

Des ténèbres profondes enveloppaient tout l'Univers au Premier Jour de sa création, et la Terre à cette époque de sa formation. L'éther existait, car il est le milieu nécessaire de radiation de la chaleur, et sans éther, pas plus que les astres, la Terre n'eût transformé, par refroidissement, son état primitif de matière gazeuse à température intense. L'éther était donc constitué, alors, imparfaitement, dans des régions successives, et incapable de transmettre les ondulations de la Lumière.

La production de la Lumière fut probablement le résultat d'une modification du milieu de l'éther, par laquelle le Soleil et les Etoiles fixes purent rayonner la Lumière en même temps que la Chaleur, et particulièrement à la surface de notre Planète.

Pour séparer la Lumière des Ténèbres, l'éther fut modifié de manière à transmettre en ligne droite, et non latéralement, son rayonnement lumineux; le manque d'atmosphère rendait cette opposition plus absolue encore, mais elle résulta de la première production de la Lumière, dont le rayonnement est différent, en effet, de celui des autres ondulations de l'éther ou de l'atmosphère.

La Création de la Lumière dut être instantanée, pour chaque milieu d'éther de l'Univers, et pour la Terre.

La désignation de Jour, néanmoins, s'applique à une période ou à une action séparée de la Création.

La Création des Anges et de leurs hiérarchies Intellectuelles ou Spirituelles avait précédé celle de l'Univers, dont ils furent les témoins.

La Création de l'atmosphère terrestre désigne, par extension, celle des autres atmosphères des corps célestes successivement formés, ainsi que les régions de l'espace privées d'atmosphère, mais remplies par l'éther d'un corps céleste à l'autre. — L'azote se retrouve dans certaines Etoiles et Nébuleuses.

Le refroidissement de la Croûte Terrestre ne put causer, par lui-même, qu'une contraction à sa surface, avec des perturbations ou brisures d'une importance secondaire, mais les lentes oscillations périodiques, plus ou moins longues, de cette surface, produisant les élévations et dépressions des Continents, les réductions et extensions des Océans, ont commencé par l'action d'une force qui a pu être le Magnétisme solaire, s'exerçant à partir de cette Epoque sur la planète terrestre; jusqu'alors, l'effet même des Marées sur une faible profondeur des Océans ne faisait pas émerger la Terre Ferme.

La Nébuleuse solaire, qui s'est contractée successivement en rayonnant sa chaleur et en formant les planètes détachées de sa masse, s'étendait d'abord au-delà de l'Orbite de Neptune, sur une faible épaisseur, et son noyau ou le Soleil, plus compact en masse, formait à l'époque du Quatrième Jour de la Création, après la séparation des planètes même les plus voisines, un disque immense s'étendant jusqu'aux cinq septièmes de l'intervalle actuel de l'Orbite de Mercure, légèrement renflé au centre, et situé à peu près dans le plan actuel de l'Ecliptique.

L'aspect de ce Disque du Soleil, vu de côté, c'est-à-dire de la Terre, était celui d'une barre, de luminosité faible comparée au Soleil actuel, arrondie aux extrémités, et plus épaisse au centre, où son éclat était plus lumineux : sa longueur était environ soixante fois le diamètre du Soleil. La période de lumière ou d'éclairement partiels, au Lever et au Coucher, était donc soixante fois plus longue, soit, avec la valeur de la réfraction ajoutée à la motion réelle, soixante fois quatre minutes ou quatre heures respectivement, allongeant de huit heures la période diurne de la Rotation et produisant seize heures de jour pour huit heures de nuit sous l'Equateur. Cette division imparfaite fut réduite graduellement par l'évolution des forces créées pour amener la division actuelle.

Lorsque la Terre se trouvait encore dans un état de vapeur à haute température ou de la consistance d'une matière en fusion, elle détacha la masse qui forma la Lune, dont le volume était le cinquantième de sa propre masse.

L'évolution de ce satellite et son refroidissement furent proportionnellement plus rapides, mais, à l'époque du Quatrième Jour, la Lune pouvait être recouverte par un Océan.

Les Marées, causées par l'influence de cet Océan lunaire s'exerçant sur l'Océan terrestre, étaient plus fortes, et la Rotation Terrestre aurait dû se trouver plus rapide pour contrebalancer l'effet de retard plus puissant de l'attraction Lunaire, si, d'autre part, le refroidissement de la masse Terrestre n'avait eu pour effet d'augmenter sa vitesse de Rotation; la période diurne devait donc être sensiblement égale à la période actuelle. A la même époque, à cause de la moindre luminosité du Disque Solaire, la lumière donnée par la Lune devait être extrêmement faible.

LES MIGRATIONS AUX TEMPS GÉOLOGIQUES

De même que les Formes ou figures des substances élémentaires inorganiques sont indépendantes les unes des autres dans leur position propre, tout en se combinant de diverses manières, et se rattachant à certains types primordiaux, formes de ces formes secondaires, les Formes ou figures des Êtres Vivants répondent à des formes principales ou primitives, accomplissent une évolution partielle dérivée de leur Type restreint à des Classes ou Ordres, et conservent, depuis leur Origine ou Création, les caractères d'une généralité propre et constante.

Les caractères communs discernables dans les Embryons ou Individus parfaits des Végétaux et des Animaux ne prouvent pas l'évolution d'une seule origine, bien que celle-ci ait eu lieu dans le cycle des principaux Types, mais l'existence de lois communes de développement chez les Êtres Vivants, qui ont nécessité, à des degrés différents, la formation d'organes similaires persistant plus ou moins suivant la diversité des fonctions vitales.

Division des Types Végétaux et Animaux indiquée, pour ces derniers, par les Cinquième et Sixième Jours de la Création, les uns de ces Types sortis des Eaux et limités aux Eaux, les autres d'origine Terrestre : même division des Végétaux entre les Types Aquatiques, Algues, etc., et les Types Terrestres, depuis les Champignons, etc., remontant aux premières Epoques Géologiques : Création successive dans ces deux Eléments — Eau et Air — Terre Ferme — des Types principaux Classes ou Ordres, des Végétaux et des Animaux : transition par évolution partielle des Types Aquatiques aux Types Terrestres.

(HISTOIRE NATURELLE)

Classification générale des Végétaux.

       Myxothallophyta
       (Mycomycetes)

       Euthallophyta

       Schizophyta

Schizophyceæ   Schizomycetes

       Flagellata

       Peridiniales

       Placophyta

       Baccilariales

Euphyceæ   Eumycetes
(Algæ)   (Fungi)
Characeæ   Phycomycetes
Rhodophyceæ   Oomycetes   Zygomycetes
(Florideæ)
Phæophyceæ   Eumycetes
Dictyotales Fucaceæ Phæosporales)   Ascomycetes   Basidiomycetes
 Chlorophyceæ
 (Conjugatæ, etc.)

       Lichenes

     Embryophyta Asiphonogama
       (Archegoniatæ)

       Bryophyta

— 18 —

Hepaticae   Musci foliosi
(Musci frondosi)

Pteridophyta

Filicales   Equisetales   Lycopodiales
                    (Spherophyllinæ)

Embryophyta Siphonogama

Gymnospermæ = Archispermæ
Cycadales
(Benettiales)
(Cordaitinæ)
Gingkoales
Coniferæ
Gnetales

Angiospermæ = Metaspermæ

Monocotyledoneæ

Dicotyledoneæ
Archichlamydeæ
Choripetalæ
Apetalæ
Metachlamydeæ
Sympetalæ

Classification générale des Animaux.

Vertebrata   (Mammalia)
                      Eutheria   (Créodontes)
                      Metatheria   Anomodontes-Thériodontes)
                      Prototheria   (Labyrinthodontes

	Aves		
	Reptilia		
	Amphibia	»	»
	(Pisces) Teleostei Ganoidei Dipnoi Chondropterygii Cyclostomata Leptocardii		
Arthrozoa	Hexapoda Myriapoda Arachnoidea Crustacea Annelida	Arthropoda Annulata	Tracheata Branchiata
Mollusca	Cephalopoda Pteropoda Gastropoda Scaphopoda Lamellibranchiata		
Vermes	Tunicata Brachiopoda Bryozoa Gephyrea Hemathelminthes Rotatoria Plathelminthes Enteropneusta		

Echinodermata	Holothurioidea Echinoidea Ophiuroidea Asterioidea Crinoidea	
Zoophyta (Cœlenterata)	Ctenophora Polypomedusæ Anthozoa Spongiæ	Cnidaria Spongiaria
Protozoa	Ciliata Suctoria Mastigophora Sporozoa Rhizopoda	

Origines des Mammifères.

(Créodontes)	Amphibies (Labyrinthodontes) (Anomodontes) (Thériodontes) Créodontes	(Créodontes)
	Monotrèmes Marsupiaux	
Siréniens ou Carnivores marins	Cétacés Édentés Insectivores	Rongeurs
Carnivores terrestres	Chéiroptères Primates	Ungulates

Les Migrations des Flores et des Faunes aux Temps Géologiques.

Les Types primitifs des Flores et des Faunes actuelles, reconnaissables depuis la dernière période Jurassique et le Crétacé ancien, se sont développés et répandus, époque par époque, suivant leur évolution, dans les différentes régions continentales et marines.

En même temps que se modifiaient les conditions atmosphériques et climatériques de la Terre, les descendants de ces Types se sont concentrés dans les régions tropicales, ou se sont maintenus dans les régions tempérées et polaires, en y continuant leur évolution respective, et se retrouvent dans les milieux ou habitats qui conviennent encore soit à l'organisation ancienne de leurs types, soit à l'adaptation nouvelle dont ces types sont devenus susceptibles depuis leur apparition.

Une espèce suffisamment fixée peut se perpétuer dans la série d'individus formant une race.

Une race suffisamment déterminée peut présenter dans la série d'individus qui la composent tous les caractères d'une espèce.

Un genre naturel comprend les espèces d'une même famille placées plus ou moins à un même degré d'organisation.

Les sous-genres groupent des espèces différentes, dont l'organisation est également développée, présentant les mêmes caractères typiques.

Archégoniates et Gymnospermes, jusqu'au Jura, Circumpolaires.

Dans l'intervalle, jusqu'aux temps tertiaires récents, pendant le Crétacé et le Tertiaire ancien, des Angiospermes ont dû exister, à une certaine époque, dans les mêmes régions, qui eurent un caractère tropical, avec des familles aujourd'hui vivant sous les tropiques.

L'extension et l'échange des flores et des faunes tropicales, au Nord et au Sud, entre l'Asie Orientale et l'Amérique du Nord-Ouest, où existèrent ces types d'Angiospermes, se fit par le voisinage des Continents, ou par le rapprochement des grandes Îles australes.

Les Sauriens Mésozoïques aident à la dispersion des Plantes.

Gymnospermes — Conifères, en Europe et Asie Nord-Est, et Indes Orientales, à l'époque Jurassique, en même temps que Marsupiaux.

Marsupiaux introduits en Australie, époque Jurassique, comme les Gymnospermes, par connexion continentale, jusqu'à Nouvelle-Calédonie, et peut-être déjà Angiospermes, qui sont encore leurs contemporains, par la même connexion continentale.

Les Gymnospermes ont dû exister en Australie, jusqu'à la Nouvelle-Calédonie, avant l'époque Crétacée, et ensuite, à la fin des temps tertiaires, parvenir en Australie Occidentale.

La Nouvelle-Zélande a pu être unie par Norfolk à l'Australie, avant l'époque de développement des Marsupiaux, pour recevoir les Conifères, qui étaient en plein développement à l'invasion des Marsupiaux, comme en Europe.

Iles Sandwich et autres nord-est des Fidji et Viti formées après l'époque du développement principal des Conifères, qui en sont absents.

Gymnospermes, et particulièrement Conifères, ont pu avoir leur origine dans les régions antarctiques, aux temps mésozoïques, pour les genres austraux, et de là, se propager dans les continents austraux voisins de ces régions.

La plus grande salinité des eaux des mers, à partir de l'époque Jurassique, indique une période de transition et de transformation des Types Animaux et des Types Végétaux, ces derniers se développant, par les Conifères, les Palmiers et les Cupulifères tropicaux, jusqu'aux Conifères et aux Angiospermes des premières époques tertiaires, comme les Abiétinées, les premiers se retrouvant, par exemple, dans la faune des Poissons, Mollusques et Zoophytes du lac Tanganyika et du Congo.

Première connexion continentale de Célèbes, Moluques, Nouvelle-Guinée et Australie avec Philippines et Indo-Chine. Philippines plutôt insulaires par rapport à la Malaisie proprement dite, communiquant avec Indo-Chine par Formose et avec Célèbes par Toulour à la première époque de connexion continentale.

Nouvelle-Guinée séparée d'Australie depuis le Pléistocène et le Pliocène, unie anciennement aux Moluques, qui, submergées, ont formé ensuite un autre Archipel; Céram peut être réuni à Nouvelle-Guinée. Casoar endémique.

Groupe de Timor et de Florès rapproché d'Australie Nord et de Nouvelle-Guinée par extension réciproque à l'Est et à l'Ouest-Nord, et peuplé d'éléments de faune papuasienne et australienne, ainsi que des Moluques, avant rapprochement de Java.

Insectes des Moluques, parties endémiques, dérivés d'Amboine en migration.

Par l'intermédiaire des Moluques primitives et de la Nouvelle-Guinée, Célèbes a reçu les formes de la faune d'Australie, ainsi que de sa flore.

Double migration des flores et des faunes, surtout Mammifères et Oiseaux, à Célèbes. L'une, très ancienne, primitive, du Jurassique au Miocène, fut celle des genres rares et particuliers à cette île, lorsqu'un vaste continent du Sud-Est se joignait, jusqu'aux premiers temps tertiaires seulement, à l'Asie Centrale, origine des premiers types communs à la Malaisie et à l'Afrique, qui fut alors rapprochée, au nord-est, de l'Asie, probablement dès l'époque Jurassique. Ce fut alors que put exister la connexion avec la Chine par Formose et les Philippines.

Jusqu'aux premiers temps tertiaires, Eocène et Oligocène, extension des continents austraux d'Afrique et d'Australie, avec Madagascar, qui avaient d'abord reçu les Lémuridés et les Insectivores, d'une part, principalement, d'autre part, les Marsupiaux.

Moluques et Nouvelle-Guinée séparées de Célèbes aux premiers temps tertiaires.

Les Oiseaux, Autruches et autres semblables, ou réfugiés à l'abri des grands Carnivores et développés dans ces continents, ou d'abord capables de voler de l'un à l'autre, y compris l'Amérique, qui n'a pu être unie directement qu'à l'Afrique ou rapprochée, entre les tropiques avant les premiers temps tertiaires, entre les continents du Nord aux premiers temps tertiaires.

Afrique, à l'époque triasique, formant les hauts-plateaux du Sud, effondrés au Sud-Est.

Afrique du Cap sud-ouest tertiaire formant partie d'un continent tertiaire submergé au Sud et Sud-Ouest.

Plateau des Kerguelen jusqu'à l'époque tertiaire relié à l'Afrique Australe sud-est et sud-ouest.

Continent antarctique en partie submergé depuis l'époque sédimentaire ancienne.

Région du Drakensberg jurassique s'étendant à l'Est et Nord-Est jusqu'à Madagascar et vers l'Asie Centrale.

Mer du Sahara, jusqu'à l'époque Miocène, favorise la migration des plantes tertiaires des continents du Nord jusqu'à l'Afrique Centre et Sud.

Madagascar est rattachée à l'Afrique jusqu'à cette époque, avant la migration des grandes espèces d'animaux du Nord.

Madagascar a pu être séparée de l'Afrique, comme les Indes et l'Asie Centrale de l'Europe, après une connexion première, par les mers jurassiques, puis réunie ; les mers jurassiques, crétacées, et tertiaires ont aussi envahi l'Afrique équatoriale jusqu'au centre, à plusieurs époques.

Dès l'époque Miocène, les migrations animales, l'une au plus tard au commencement du Miocène, l'autre au plus tôt à la fin du Miocène, ont pu se faire, au sud-est de Tunis, par les plateaux élevés du Sahara, jusqu'au nord-ouest du Tchad, vers l'ouest de l'Afrique; durant l'époque Crétacée, plantes et animaux contournaient la mer saharienne, peut-être ouverte à l'Atlantique, après séparation du continent entre Europe et Amérique.

Les Tortues du groupe des Mascareignes, rattachées au type Miocène des Siwalik Hills; celles des Galapagos plus voisines des fossiles des Mascareignes; origine du type, Eocène dans l'Amérique du Nord.

Les Oiseaux fossiles de Madagascar, plus forts et moins isolés, à cause de la jonction prolongée de Madagascar avec le Continent.

Durant les premiers temps tertiaires, jonction avec Ceylan et le sud de l'Hindoustan; avant le Miocène, séparation successive de Ceylan et des îles Indo-Africaines, et formation du Continent nord de l'Afrique, avec migration des grands Félidés et Antilopes par la Syrie et l'Arabie avec la Grèce, dont les fossiles ne présentent que des types semblables aux types africains actuels.

Limite des Chênes nombreux à Bornéo, peu à Célèbes et en Nouvelle-Guinée. Rhodoracées jusqu'aux Monts Arfak et Nord-Australie; Araucarias jusqu'aux Monts Arfak et Nord-Australie. Nouvelle-Guinée forme limite des flores océaniques et des Indes tropicales.

Chênes ni Pinus à Ceylan et sur les Neilgherries; Rhodoracées et autres d'époques tertiaire ou Glaciaire. Sud-Pégu se rattache à flore de Malacca.

Poissons d'eau douce de région orientale ne dépassent que rarement le détroit de Macassar à l'est.

Miocène — Continent depuis Périm jusqu'à nord de Chine et avec Europe mais Sud-Hindoustan et Ceylan séparés, quoique rapprochés; d'abord unis avec Ethiopie, Afrique avec Madagascar et îles, premiers temps tertiaires, et séparés puis unis, depuis les Maldives, à Continent Malaisien, à partir du Miocène; partie occidentale submergée et séparée, partie orientale renfermant grandes îles depuis Sud-Java jusqu'à Haïnan et Célèbes, sans les Moluques; deuxième connexion continentale.

Célèbes séparée; Philippines encore unies à Indo-Chine par Haïnan et à partie de Bornéo par Palawan et Soulou, puis séparées. Java encore unie à Malacca et faune de Siam jusqu'au Pliocène récent, puis séparée, formant deux îles, seulement réunies à la dernière extension des faunes continentales. Bornéo, d'une part, Sumatra, de l'autre, se forment et se joignent à presqu'île de Malacca; troisième époque

e connexion continentale; — puis Bornéo, séparée déjà des Philippines, est séparée
e Malacca, Sumatra est aussi séparée de Malacca, et Banca reste isolée entre Java
t Malacca.

A la deuxième époque de connexion continentale, Timor et Florès furent rap-
rochées de Java, et en reçurent des éléments de leur faune venant de l'Indo-Chine,
ui purent pénétrer en Nouvelle-Guinée et aux Moluques, alors rapprochées.

La deuxième migration des faunes, Mammifères et Oiseaux, à Célèbes, eut lieu
ussi lorsque Java seule faisait encore partie du Continent de Malaisie, et lorsque
Bornéo était représentée par un moindre groupe d'îles, plus éloignées de Célèbes,
éjà séparée de ce Continent et des Philippines, qui peut-être avaient encore une
onnexion avec Bornéo.

Meliphagidæ, Trichoglossidæ, Megapodiidæ ne dépassent pas Lombock et Célè-
es du côté d'Australie.

A la quatrième et dernière extension des faunes continentales, les deux îles de
ava s'unirent et s'étendirent peut-être vers Sumbawa, Bali et Lombock, qui
'existaient pas lors du rapprochement continental de Timor avec l'Australie.

Certains groupes ne dépassent pas Florès à l'Est. Par l'intermédiaire de ces îles,
 groupe d'îles de la Nouvelle-Guinée, de même que les Moluques, a reçu, encore
cette époque, les formes de la faune de Java et de l'Indo-Chine.

Les terrains Crétacés du nord de l'Espagne, ceux de la Palestine, des Indes, de
Australie et de l'Amérique du Sud, ainsi que les Grès Eocènes et Nummulitiques
e la Navarre, des Pyrénées, Baléares, de l'Egypte, de la Palestine et des autres
ontrées vers le Sud-Est, indiquent l'existence successive des mers couvrant les con-
nents actuels à ces époques. En Palestine, les derniers soulèvements se sont pro-
uits à l'époque Miocène, et c'est à la fin du Pliocène seulement que l'Afrique
ontinentale a été jointe à l'Asie par la péninsule Sinaïtique.

La Mer Crétacée et celle des premiers temps tertiaires séparaient l'Australie
ccidentale de l'Australie Orientale et Nord; la Tasmanie, séparée la dernière de
Australie Orientale, depuis les derniers temps tertiaires.

Le Continent ancien de la Nouvelle-Zélande, plus étendu, a été uni à l'Australie
u rapproché, ainsi que de l'Amérique Méridionale.

Un Continent antarctique s'étendant depuis Enderby-Land et Kemp-Land, par
s terres de Victoria-Land, qui sont continuées à l'Est jusqu'à Graham-Land et
anco-Land, se reliait, par un plateau sous-marin, au sud de l'Amérique, à une
naîne de volcans divergente des Andes; il a été en partie submergé depuis l'époque
dimentaire ancienne.

Élément floral océanique ancien commun au Cap, aux îles antarctiques, à l'Australie, Nouvelle-Zélande et autres îles, et à l'Amérique du Sud, au Chili et à la Terre de Feu ; son extension jusqu'au Brésil avec les Araucarias et autres.

L'époque Glaciaire ne produisit pas une invasion du froid telle que les plantes de l'élément océanique aient dû émigrer ; leur endémisme d'espèces et de genres le prouve, comme, en Nouvelle-Zélande, l'impossibilité de s'étendre vers un autre habitat.

Hauts-Plateaux du Mexique — Champs de neige pas en continuité de ceux des Montagnes-Rocheuses à l'époque Glaciaire.

Chênes toujours verts, section Lepidobalanus, forment limite inférieure de région subandine de l'Amérique Centrale, dans le Mexique, le Guatémala, Costa-Rica, Veragua, qui, au-dessus des Chênes, avec des Conifères, devient la région des Hauts-Plateaux. L'autre région subandine est celle de la Colombie et du Vénézuela, se rattachant aux Andes, depuis la limite propre des Cinchonas. — Au-dessus de l'une et de l'autre, s'étend la région tropicale, au Mexique et en Amérique Centrale surtout, avec des Chênes, même section, soit toujours verts, soit à feuilles caduques, et dans l'Amérique du Sud jusqu'au 20e degré à l'Ouest dans les vallées du Pérou, à l'Est dans le Brésil.

Région alpine du Mexique distincte de région alpine ou andine de Pérou et de Bolivie, et de région alpine du sud du Chili.

Epoque Miocène et Pliocène, Amérique du Nord et du Sud séparées, celle-ci séparée en îles, et soulèvement des Andes.

Extension d'Amérique du Sud dans les deux régions du Nord et du Sud aux temps miocènes : ressemblance avec l'Australie en amphibies, poissons d'eau douce et insectes ; ces derniers (Carabidés), grâce à l'élévation plus grande des montagnes dans l'isthme de Panama durant les différentes époques Glaciaires, émigrent le long des Andes (comme sur les chaînes africaines.)

Régions insulaires dans le Continent Sud — Connexion avec le Vénézuela et Haïti après le Miocène et pendant le Pliocène, ainsi que jonction avec le Yucatan et Honduras, puis séparation successive de l'un et de l'autre.

Panama et Costa-Rica, à l'époque continentale, submergées sous le Pacifique, puis formant, avec Tehuantepec, aussi submergé anciennement, les isthmes de Nicaragua, le plus récent de tous, entre le Honduras en partie et Costa-Rica, et Panama, encore une fois submergé, pendant la dernière communication des Océans à travers le Nicaragua, et isolant à un moment Costa-Rica et Veragua.

Isolement probable, déjà à l'époque secondaire, du continent Sud-Américain. Il reçoit alors, du Nord, ses premiers Édentés et Rongeurs ; dans les premiers temps tertiaires, les ancêtres de ses Quadrumanes et des Carnassiers ; plus tard, ses Camélidés, Lamas, Pécaris, Mastodontes et Grands Carnassiers, et avant l'époque Glaciaire ses Cervidés, Tapirs, Opossums, Antilopes et Équidés. Les familles d'Animaux plus primitives font alors des migrations dans le continent du Nord, avant, pendant, et après l'époque Glaciaire ; ils n'y étaient pas représentés dans les époques immédiatement antérieures. Marsupiaux (Opossums) ont pu venir du continent austral-antarctique.

La région Américaine des Prairies (avec les monts Alleghanies) Crétacée et envahie par l'Océan comme la Californie jusqu'à la Nevada, puis formations lacustres tertiaires. Grand-Bassin reste maritime jusqu'à l'époque du Lias.

Continent à l'ouest du Missouri et des Montagnes-Rocheuses date de l'époque tertiaire comme la partie atlantique, mais plus développée vers le Pacifique et reliée aux régions arctiques du Haut-Nord ainsi qu'au Groënland.

Communication avec l'Asie Orientale par les îles Aléoutiennes, et avec l'Europe du Nord par les plateaux atlantiques, de même qu'avant les temps tertiaires entre Amérique du Sud et Afrique tropicale ; à la fin du Pliocène encore par le Groënland et l'Islande, ainsi que par les Terres de François-Joseph et autres avec le Spitzberg, jusqu'à l'époque Glaciaire, où la mer de Behring fut dernièrement fermée à l'Océan Arctique. A la fin de l'époque Glaciaire, l'Atlantique aussi fut ouvert au Nord.

Terrains glaciaires peu au sud des Grands Lacs, partie du versant oriental des Montagnes-Rocheuses, sur la Sierra Nevada et dans l'Amérique Atlantique seulement jusqu'à la latitude des White Mountains et nord de Terre-Neuve.

Limites du Loess en Amérique du Nord sont celles de la première extension de l'époque Glaciaire ; limites de Picea, probablement aussi, comme en Europe et Asie, celles de la deuxième extension Glaciaire, plaines ou montagnes.

Échanges de flores entre Amérique du Nord et Asie Orientale. — Quatre presqu'îles ; deux Amériques, Atlantique et Pacifique ; Kamtschatka, Kuriles et Japon ; Corée et Mandchourie, région d'Amour, séparées de la dernière à l'époque tertiaire, forment la quatrième, et se rattachent, par montagnes de Chine et du Thibet à l'Himalaya ; — à l'Ouest, presqu'île détachée des monts Sajan et Altaï, entre mer de Sibérie Orientale et Han-Haï ou Gobi, jusqu'au détroit de Ferghana.

Flores, dans la direction de l'Europe, émigrent le long des mers intérieure et sibérienne. A partir de la fin du Miocène, formation de Steppes, partie de plantes alpines, arctiques et glaciaires, arrivent en Europe et bassin de la Méditerranée, surtout par montagnes d'Afghanistan plus élevées.

Les Faunes, dont les types, en partie venus de l'Amérique du Nord, se son développés pendant le Miocène en Asie Centrale, et d'autres durant le Pliocène comme le Mammouth, commencèrent leurs premières migrations de l'époque te tiaire au plus tard au commencement du Miocène, par l'Asie Mineure et partie c l'Archipel continental uni aux Balkans, vers les Alpes d'une part, d'autre part ve l'Italie du Sud, jointe à la Grèce, la Sicile jointe à la Sardaigne et à la Corse. Tun et le nord de l'Afrique, le sud de l'Espagne unie à l'Afrique d'Oran à Carthagèn avec les Baléares, jusqu'aux Pyrénées ; au Sud-Ouest, le Continent atlantique ava servi aux migrations de la faune lusitanienne dans l'ouest de l'Europe, et la vall du Guadalquivir, plus récemment, avait été plusieurs fois la communication d bassin occidental de la Méditerranée avec l'Océan atlantique.

La Corse, jusqu'au commencement du Miocène, reliée à la Ligurie avec cont nent Tyrrhénien. A la fin du Miocène, chaîne des Apennins rattachée aux Alpes c Ligurie et continuée dans l'Italie Sud.

La deuxième migration des Faunes de l'Orient, qui se confondit peu à peu, a nord et au sud de la Caspienne, avec la migration interglaciaire de la Sibérie, produisit au plus tôt à la fin du Miocène; elle atteignit les plaines du centre et d nord de l'Europe, plutôt que les Hautes-Alpes; vers l'Ouest, elle peupla enco l'Asie-Mineure et la Grèce avec les Balkans, le sud de l'Italie, séparé plus ancienn ment de la Grèce, et presque isolé encore du Nord, la Sicile, jointe à l'Italie et à Tunisie jusqu'à la fin du Pliocène, atteignant, par ses dépôts volcaniques, du Mess nien au Sicilien, la même époque que le Glaciaire ancien ou Pléistocène renferma les Mollusques arctiques arrivés récemment par le détroit de Gibraltar; cette migr tion arriva jusqu'en Sardaigne et en Corse, en Tunisie, Algérie et Maroc, ainsi qu'e Andalousie; la Sicile fut ensuite séparée de Tunis, Tunis de la Sardaigne, et celle- de la Corse.

Les faunes purent aussi passer sur le Continent africain, pendant le cours d cette migration, par la Syrie et l'Arabie, qui fermèrent, en même temps que se fo mait l'Océan Indien, le bassin oriental de la Méditerranée, jusqu'à Tripoli et Tuni

En Asie, les mêmes animaux se répandirent jusque dans le Nord, en partie co tinental, durant le Pliocène, la mer du Han-Haï étant desséchée graduellement, les montagnes des Chaînes Centrales n'ayant pas encore atteint l'élévation la pl grande à l'époque Miocène; même à la fin du Pliocène, le climat de l'Asie Centra put convenir à l'existence des animaux réfugiés du Nord, par suite de l'envahiss ment Glaciaire. Les Himalayas ne présentent de traces d'immenses glaciers que s les versants sud et sud-ouest des Pamirs et du Karakorum.

La mer Tertiaire pontique, caspique et aralienne, prolongement des mers oligocènes et miocènes à l'est de l'Europe, jusqu'à l'est de la Sibérie, avec le Gobi, mer intérieure, communiquant d'abord avec elle, puis desséchée, formait le bassin ponto-caspien, avec Aral et mer de Sibérie, communiquant lui-même avec l'Océan Glacial entre l'Oural et le Yéniséi, jusqu'au lac Baïkal, encore à l'époque Glaciaire. L'Océan Glacial à l'ouest d'Oural envahit ce bassin pendant la première époque Glaciaire, puis se retire.

La Caspienne diminue soit au nord de la mer Noire, soit le long d'Oural, et le bassin se sépare en plusieurs bassins, successivement, avec écoulement par la vallée de l'Obi dans l'Océan arctique, à l'époque interglaciaire et à la dernière époque Glaciaire.

Cette formation continentale entre l'Europe et l'Asie, en refroidissant le climat, amène une partie de la faune sibérienne à émigrer en Europe, entre l'Oural et la Caspienne, par les plaines de la Russie.

La mer Noire, qui couvrait partie de l'Archipel et des Balkans, se retire au Nord et à l'Est, la Méditerranée envahit du Sud l'Archipel; communication avec la mer Noire, par la Maritza et le golfe de Saros d'abord, et enfin par les Dardanelles et le Bosphore.

Océan Glacial — Courant Est-Ouest de Scandinavie à Groënland et jusqu'à Labrador et Terre-Neuve. Il envahit le bassin ponto-caspien à la première époque Glaciaire, la Russie Centrale et l'Allemagne jusqu'à la Bohême, les Ardennes, s'étend sur la Hollande, et pendant l'époque interglaciaire sépare l'Irlande de l'Angleterre jusqu'à l'Atlantique, en se retirant de la Russie Méridionale; à la deuxième époque Glaciaire, il communique seulement par la mer Blanche avec la Baltique, tandis que s'ouvre la Mer du Nord.

Grande-Bretagne continentale avec la France et l'ouest de l'Europe, et reliée à la Scandinavie; le Rhin, peut-être, s'écoulant dans la mer qui communique avec la Baltique et l'Océan Glacial du Nord, à l'est de la Suède et de la Norvège.

Irlande séparée peu à peu, par mer ou golfe, d'Angleterre; à l'époque interglaciaire, Forest-Beds ou Loess d'Europe, invasion d'Angleterre moyenne par mer Glaciaire, et de partie Irlande; après son retrait, Irlande reste isolée, mais reliée à l'Écosse; la mer Glaciaire, encore à la deuxième époque Glaciaire, s'étendant depuis l'est de la Scandinavie; après l'ouverture de l'Atlantique du Nord à l'Océan arctique, elle devient la Mer du Nord actuelle et sépare la Scandinavie de l'Écosse, l'Écosse de l'Irlande, et la Grande-Bretagne, par la Manche, de la France continentale.

Après époque Glaciaire principale, les plantes glaciaires de l'Altaï et Sajan étaient encore en communication avec la Sibérie nord-est arctique.

Pendant l'époque interglaciaire et après la deuxième époque Glaciaire, migrations, au Nord, des Plantes des Toundras, au Sud, des Plantes des Steppes, avec partie des Plantes Glaciaires, au Sud extrême, des Plantes Forestières. — Migrations, vers le nord de l'Europe et Scandinavie, directement de la Sibérie; du sud-ouest Europe, en retour, vers Nord et Oural, et de partie des Plantes des Alpes jusqu'à l'est de la mer Baltique.

LES PREMIÈRES DATES DE L'HISTOIRE

ET

LES PREMIÈRES RACES HUMAINES

SUIVANT LA BIBLE

Générations des Patriarches

Adam à 100 ans sortis de l'Éden
et
Ève
  à 10 ans après l'Éden Père de Caïn
  à 20 ans après l'Éden Père d'Abel

(Mort)   (Génération)
+ 800 = 930 — 3070
              à 130 ans Père de Seth......   130 — 3870 | Caïn à 120 ans après l'Éden tue son frère Abel

Seth...... à 105 ans Père de Hénosh...   235 — 3765 | à 130 ans Père d'Énoch
+ 807 = 912 | Énoch à 100 ans Père d'Irad
+ 130 = 1242 — 2758

Hénoch.... à 90 ans Père de Kaïnan....   325 — 3675 | Irad à 100 ans Père de Méchujael
+ 815 = 905 | Méchujael à 100 ans Père de Méthusael
+ 220 = 1125 — 2875

	(Mort)	(Génération)	

Kaïnan..... à 70 ans Père de Mahalalel..   395 — 3605   Méthusael à 100 an
                                                                    Père de Lamech
$+ 840 = 910$ Lamech à 100 an
$+ 290 = 1200 — 2800$ par Adah Père d
                                                                                   Jabal
                                                                                   630 — 337
              Mahalalel.. à 65 ans Père de Jarad......   460 — 3540   Père de Jub
                                                                                    640 — 336
$\cdot + 830 = 895$ par Zillah Père d
$+ 355 = 1250 — 2750$ Tubal-Ca
                                                                                      650 — 335
                Jarad..... à 162 ans Père d'Énoch.....   622 — 3378   et de Naama
$+ 800 = 962$ 660 — 334
$+ 517 = 1479 — 2521$

                    Énoch..... à 65 ans Père de Mathusalem.   687 — 3313
$+ 200 = 365$
$+ 582 = 947 — 3053$

                                                                                              LXX (Mort)   LXX (Génération)
        Mathusalem à 187 ans Père de Lamech...   874 — 3126   ou 167   854 — 31
$+ 782 = 969$ $+ 802 = 969$
$+ 769 = 1738 — 2862$ $+ 749 = 1718 — 2882$

                 Lamech.... à 182 ans Père de Noé......   1056 — 2944   ou 188   1042 — 29
$+ 595 = 777$ $+ 565 = 753$
$+ 951 = 1728 — 2872$ $+ 937 = 1690 — 2310$
                                    (après)
               Noé........ à 480 ans reçoit l'avertisse-
                          ment de Dieu...........   1537 — 2443
                                    (après)
                à 500 ans reçoit l'ordre de
                  construire l'Arche
               ou à 550 ans (après)
                                                              1557 — 2443
                                                             1607 — 2493

	(Mort)		(Génération)

           (Mort)   (Génération)

Noé........ à 502 ans Père de Sem...... 1559 — 2441
           à 512 ans Père de Cham.... 1569 — 2341
           à 522 ans Père de Japhet.... 1579 — 2221
           à 600 ans (+ 1 an Déluge)... 1656 — 2344
           à   1657 — 2343
           à 900 ans bénit ses deux Fils. 1956 — 2044

350   après le Déluge
950
1056 = 2006 — 1994
            (après)

Sem...... à 100 ans, 2 ans après le Dé-
           luge, Père d'Arphaxad... 1660 — 2340
           à 110 ans Père d'Élam...... 1670 — 2330
           à 120 ans Père d'Assur...... 1680 — 2320
           à 130 ans Père de Lud...... 1690 — 2310
           à 140 ans Père d'Aram...... 1700 — 2300

500 = 600
1559 = 2159 — 1841

XX Arphaxad. à 35 ans Père de Kaïnan..... 1695 — 2305 | à 35 ans Père de She-
                                                                                   | lah
400 = 435   +403 = 438
1695 = 2095 — 1905   +1695 = 2098 — 1902

Kaïnan..... à 30 ans Père de Shelah..... 1725 — 2275
330 = 460
1725 = 2055 — 1945

Shelah..... à 30 ans Père de Héber..... 1755 — 2245 | Shelah à 30 ans Père
330 = 460   de Héber
1755 = 2085 — 1915   1725 — 2275
                                                                                   +403 = 433
                                                                                   +1725 = 2128 — 1872

LXX (Mort)	(Génération)
Héber...... à 34 ans Père de Phéleg..... 1789—2211 + 270 = 304 + 1789 = 2059 — 1941	à 34 ans Père de Phéleg 1759 — 2241 + 430 = 464 + 1759 = 2189 — 1811
(à 44 ans Père de Joktan..... 1799—2201)	(à 44 ans Père de Joktan 1769 — 2231)
Phéleg..... à 30 ans Père de Reü ou Ragau 1819—2181 + 209 = 239 + 1819 = 2028 — 1972	Phéleg à 30 ans Père de Reü ou Ragau 1789 — 2111 + 209 = 239 + 1789 = 1998 — 2002
Reü ou Ragau à 32 ans Père de Sérug...... 1851—2149 + 207 = 239 + 1851 = 2058 — 1942	à 32 ans Père de Sérug 1821 — 2179 + 207 = 239 + 1821 = 2028 — 1972
Sérug...... à 30 ans Père de Nachor I... 1881—2119 + 200 = 230 + 1881 = 2081 — 1919	à 30 ans Père de Nachor I 1851 — 2149 + 200 = 230 + 1851 = 2051 — 1949
Nachor I... à 79 ans Père de Tharé...... 1960—2040 + 125 = 204 + 1960 = 2085 — 1915	ou à 29 ans 1880 — 2120 + 119 = 148 + 1880 = 1999 — 2001

LXX	(Mort)		(Génération)	
	Tharé......	à 70 ans Père d'Abram......	2030—1970	à 70 ans Père d'Abram 1950—2050
+45		Migration d'Ur de Chaldée..	2075—1925	+135=205
+30=75		Migration de Charan en Chanaan et en Égypte........	2105—1895	+1950=2085—1915
			2106—1894	
+135=205				
+1960=2165—1835				
+25=100		Naissance d'Isaac............	2130—1870	
		Mort de Sarah..............	2167—1833	
		Mariage d'Isaac............	2170—1830	
		Naissance de Jacob.........	2190—1810	
+75=175		Mort d'Abraham		
+2030=2205—1795				
		Naissance de Joseph........	2281—1719	
2310—1690		Mort d'Isaac		
		Jacob entre en Égypte......	2320—1680	
2337—1663		Mort de Jacob		
2391—1609		Mort de Joseph		
	Cham......	à 100 ans Père de Chanaan..	1669—2331	
		à 110 ans Père de Chush....	1679—2321	
		à 120 ans Père de Mizraïm..	1689—2311	
		à 130 ans Père de Put......	1699—2301	

Invasion des Hyksos en Égypte, fin de la XIIe Dynastie 1799—2201	Fondation de Babel et Dispersion 1900—2100	Chush à 100 ans Père de Nimrod 1779—2221 +171=1950—2050
Fin de XIIIe Dynastie 1909—2111	Fils d'Assur Hyksos d'Égypte	Sargon I, Père de Naram-Sin, Règne de 50 ans à 2000—2000

Apepa ou Apophis I XVe Dynastie, Pharaon d'Abraham 2106—1984	Fils d'Élam de Madai et de Cheth Hyksos d'Égypte	Invasion des Élamites ou Hyksos de 2030—1970 à 2110—1890
Fin de XVIIe Dynastie 2413—1587 (ou 2200—1800)		Élamites en Syrie 2096—1904
Ahmes ou Amosis I fonde la XVIIIe Dynastie Expulsion des Hyksos autres que Fils de Jacob	Fils de Joktan aussi Hyksos d'Égypte et Fils de Jacob	Amraphel ou Hammurab Règne de 55 ans à 2165—1835
Aménophis III et IV Lettres de Tell-el-Amarna 2500—1500 à 1550—1450	Abraham à 80 ans	Bataille de Chodorlahomor et Défaite des Élamites 2110—1890
Thotmès III 1503 à 1440 Exode des Hébreux 2506—1494		
Ramsès I Ménephtah I Séti I, IIe Pharaon de la XIXe Dynastie, de Thèbes depuis 2730—1370 ou de 1366 à 1327		
Ramsès II, Sésostris, 1340 environ ou de 1275 à 1218 Ménephtah II, son fils		

	(Mort)		(Génération)
Japhet	à 100 ans	Père de Gomer	1679 — 2321
	à 110 ans	Père de Magog	1689 — 2311
	à 120 ans	Père de Madai	1699 — 2301
	à 130 ans	Père de Javan	1709 — 2291
	à 140 ans	Père de Tubal	1719 — 2281
	à 150 ans	Père de Meshech	1729 — 2271
	à 160 ans	Père de Tiras	1739 — 2261

Le Calendrier Accadien (Sumérien) commençant par le signe du Bélier (primitivement celui du Taureau) — Textes du Nimrod Babylonien — n'a pas pu exister avant le XXIIIe siècle précédant notre Ère. La langue Accadienne n'est plus en usage dès le XVIIe siècle, et l'âge principal de la littérature Babylonienne antique est compris entre les XXIIe et XVIIIe siècles; XXIIe à XXe siècle, division de la Terre et des Langues, contemporaine du Patriarche Phéleg, d'où son nom.

Sargon, Père de Naram-Sin et Premier roi d'Assyrie ainsi que roi d'Accad, Babylonie du Nord, vient après Nimrod, fondateur du royaume de Shinar (Accad et Sumer) et d'Assyrie; il soumet la Babylonie du Sud, ou Sumer, détachée du premier Empire; sa dynastie continue jusqu'à l'invasion des Élamites, soit Sémites, soit Japhétites, qui envahirent aussi l'Egypte sous le nom de Hyksos.

Une autre dynastie, commençant par Shamu-Abi, et finissant par Samsu-Satana, Sémite ou Arabe, envahit la Babylonie du Sud, vers la même époque. Son sixième roi, Hammurabi ou Amraphel, fut contemporain d'Abraham. Il vainquit Chodor-lahomor, dernier roi Elamite d'Assyrie et de la Babylonie du Nord, et réunit l'Empire de Sumer et d'Accad. Sa dynastie fut remplacée par des Elamites ou Chushites, Cassites du golfe Persique, des Chamites, jusqu'à celle des Chaldéens, fils d'Arphaxad ou de Chesed, Sémites du Nord-Est (second Empire Babylonien), qui étaient fixés, dès Abraham, à Nisibe ou Ur, dans la Mésopotamie du Nord.

Les Dynasties Assyriennes, contemporaines de l'Empire Babylonien du Nord, avaient commencé par Assur : Samsi-Rammanu I, 1820, Père d'Assur-Nasir-Pal I; Rammanu-Nirari I, 1300.

Les Dynasties Egyptiennes remontent à Mizraïm, et leur histoire suit un cours parallèle aux autres Dynasties. Le type dolichocéphalique, des six premières dynasties, contraste avec le type brachycéphalique qui se continue jusqu'à la douzième et qui marque des invasions du Sud par d'autres Chamites; ensuite les Hyksos dominèrent en Basse-Egypte, remplacés par les Dynasties de Thèbes (voir plus loin).

La Contrée de l'Éden était la plaine au nord du Golfe Persique, au confluent et au sud des quatre rivières Karun ou Passitigris — Phishon — Kerkhah ou Choaspes — Gihon — Tigre et Euphrate, limitée à l'Orient par les Monts Bakhtyari ainsi qu'au Nord. Cette contrée fut la terre de Chush jusqu'à la Kerkhah, appelée terre de Chavilah jusqu'au Karun.

Les Montagnes sur lesquelles s'arrêta l'Arche du Déluge sont celles de Nisar ou Judi, au Nord des Monts Zagros, entre le Tigre et le Grand Zab. De là, les fils de Noé descendirent dans le pays de Shinar entre le Tigre et l'Euphrate, et se dispersèrent ensuite.

De cette contrée, les fils de Japhet remontèrent le cours de l'Euphrate, traversèrent le nord de la Syrie, et atteignirent le sud-est de l'Asie-Mineure, ou région de la Cilicie, jusqu'à Tarse, puis se séparèrent. Les descendants de Javan occupèrent les côtes de la Méditerranée au Sud et à l'Ouest, jusqu'au pays occupé par les Lydiens, s'étendirent vers l'Archipel, les côtes de la Grèce, et les rivages sud-européens de la Mer jusqu'à Gibraltar : en Cilicie, les Chitthai, Kittim, Hittites, aussi Scythes.

Les autres fils de Japhet, par les portes de Cilicie, entrèrent dans l'Asie-Mineure. Les fils de Gomer, Askenaz et Riphath prirent la direction du Nord-Ouest et se fixèrent, les premiers dans la Troade, au sud de la Propontide, et les derniers dans la région de la Phrygie.

Les autres Japhétites continuèrent leur marche vers le Nord-Ouest jusqu'aux rivages de la mer Noire, où s'établirent les tribus alliées de Tubal et de Meshech, tandis que les descendants de Thogormah se tournaient vers l'Est, en Arménie, et au nord du mont Taurus : Transcaucasie (peut-être Turcomans).

Les fils de Gomer en partie et ceux de Magog, Madai et Tiras poussèrent au nord et à l'est de la mer Noire jusqu'aux montagnes du Caucase, qu'ils franchirent. Là, ils se séparèrent : les fils de Magog et de Madai atteignirent ensemble le nord et l'est de la mer Caspienne. Ceux de Magog allèrent plus au Nord ; ceux de Madai, tournant vers l'Ouest et ensuite vers le Sud, entre les mers Caspienne et d'Aral, s'étendirent de proche en proche dans la Perse et dans l'Inde. En même temps, les descendants de Gomer et de Tiras occupèrent les rivages nord de la Mer Noire et d'Azov, d'où les fils de Tiras prirent possession successivement des régions du nord de la Grèce et de l'Italie, tandis que ceux de Gomer se dispersaient au Nord dans la Russie, et à l'ouest en Scandinavie, en Germanie et dans les Iles Britanniques.

Gomer, Cimmériens, Cimbres ou Celtes primitifs (Galates), Celtibères et Celtoligures (avec Préceltes, dès vingtième siècle en Europe) à langue Ibérique (et Aryenne).

Magog ou Mogul, Petchenègues, Magyars (et Szècles ou Huns), Finlande au Japon, Norvège, Normandie, Angleterre en partie, Aryens à langue Turanienne, division Ugrienne, Asie Centrale et Orientale, Malaisie, Polynésie et deux Amériques, surtout Nord à Mexique.

Madai, Scythes ou Slaves d'une part, Russies, et d'autre part, Germains ou Teutons et Belges, Celtes postérieurs ou Cimbres récents, au neuvième siècle en Europe, au quatrième siècle en Espagne, à langue Turanienne, Aryens, Wendien, division Lettienne, Lithuanie, division Slave Orientale et Occidentale, Russie, Bulgarie; Bohême, Moravie, Pologne (après Magyars); Germains, Lydie et Russie, Europe avec Wendes; Persans et Afghans en partie, avec peuples de l'Hindoustan, dès vingtième siècle, Indonésiens de Malaisie, Polynésie, Mexique, Antilles à Amérique Sud; Australiens primitifs, Berbères blonds, dolichocéphales.

Fils de Gomer : Askhenaz, Riphath et Thogormah.

Fils de Javan : Élishah, Péloponnèse ou côtes de Cilicie, sud de Cappadoce; Tarshish, Bétis ou Tartessus, côtes d'Ibérie, Espagne et ouest d'Europe; Kittim, depuis Chypre, Grèce du Nord, Macédoine, Epire, Italie et Iles de Méditerranée; Dodanim (ou Rodanim), côtes de la Gaule, vallée du Rhône, ou Dardaniens, Cariens et Grecs anciens, Aryens blonds et dolichocéphales, en partie Ruthènes. Ioniens ou Ibères, ou Pélasges (Hellènes), Numides ou Berbères du même type, bruns, d'où leur appellation raciale, dolichocéphales et brachycéphales (Celto-Ligures).

Tiras, au nord et à l'ouest du Pont-Euxin ou Thrace : Doriens, conquérants de la Grèce, depuis 1200 à 1150, après le Siège de Troie, en 1300, devenus voisins des Hellènes vers 1900, 200 ans environ après la dispersion de Babel.

Les descendants de Chush, passant le Tigre, s'établirent sur ce fleuve et à l'est, au sud des Élamites et du Zab inférieur, jusqu'au Karun et au Golfe Persique : de là, ils se propagèrent le long de la côte orientale, à travers le Béloutchistan, l'Inde et l'Australie primitive, en partie, la Malaisie, la Mélanésie, la Papuasie, la Micronésie, jusqu'en Californie et Pérou, d'une part; d'autre part, sous le nom de Pun ou Punt, Phéniciens, ils s'étendirent le long des côtes de l'Arabie, en Ethiopie, dans la Mer Rouge, puis sur les côtes sud-est, sud et nord de la Méditerranée, avec types négroïdes, dans les vallées intérieures et jusqu'au nord-ouest de l'Europe, par l'Océan et les deux Bretagnes.

Les fils de Chanaan, Mizraïm et Put, traversant le fleuve Euphrate dans la

direction de Thapsacus et de Charran, primitivement sur la rive orientale, jusqu'à Damas et le Liban, se séparèrent : les premiers s'établissant dans la Palestine avant les Phéniciens et Philistins; les autres, par Suez, envahirent l'Egypte en remontant le Nil, et vers l'Ouest, allèrent jusqu'en Mauritanie.

Cham, Chush et le pays de Chemi (Egypte) signifient, au sens radical, de couleur ou teint foncé.

Chush fut en partie soumis par les Elamites, peut-être s'étendit jusqu'au Turkestan, d'où Chinois et races jaunes.

Fils de Chush : Seba, se retrouve à Saba ou Méroé; Chavilah, à leur origine, nord du Golfe Persique; Sabta, Sabatha (Hadramaut) intérieur de la côte sud d'Arabie, est d'Arabie Heureuse; Raama, Regama, sud-ouest du Golfe Persique; Sabteca, est ou ouest du même Golfe.

Fils de Raama : Sheba, Arabie Nord, à l'ouest du Golfe Persique, est d'Idumée ou Uz, pays de Job; peut-être Pétréens ou Cinéens; Dedan, nord d'Arabie, même région, ou Aden, sud-ouest Arabie.

Nimrod, premier-né de Chush, fonde Babel sur le fleuve Euphrate, Érech (Séleucie ou Ctésiphon), Nippur ou Kalneh, Sippara ou Sepharvaim, Accad, frontière Nord de Babylonie, Ninive (Mosul) et ses faux-bourgs, Rechoboth Ir, avec Resen, et plus au Sud, entre Tigre et Zab supérieur, Kalach; ou Rum-Kalah, ouest d'Euphrate, entre Samosate et Birtha, près d'Apamée et de Carchémis, Rahabeh, ouest d'Euphrate et du Chabur, Ras-ayin, sur ce fleuve, ou Resen (Larissa).

Les Cushites ou Chushites sont les habitants primitifs de la Babylonie.

Fils de Mizraïm : Ludim, Lybie ouest et Maroc, Berbères autochtones bruns, dolichocéphales, Sahara Nord, Touareks, Numides anciens en partie, peut-être Kabyles; Lehabim, Lybie est ou Gétulie, Sahara Sud et oasis, Berbères bruns autochtones, dolichocéphales, et Kabyles peut-être, d'abord rives ouest du Nil, de Memphis à Assouan; Naphtuchim, Egypte moyenne ou Delta; Anamim, Basse-Egypte et Côtes Maritimes; Pathrusim, Haute-Egypte, rives est du Nil, Memphis à Assouan; Kasluchim, de la branche orientale du Nil jusqu'à Gerar, peut-être, au nord-est et en Colchide; Caphtorim ou Cherethim, Crète et plaines des Philistins.

Les descendants de Chush et de Mizraïm s'étendent peu à peu dès le vingtième siècle, jusqu'au centre et extrémités d'Afrique.

Fils de Chanaan : Sidon, son premier-né, Sidonim, au sud du Liban et vers le Nord; Cheth, vers la Cilicie, d'où Chittites en partie, jusqu'à Hébron, Héthéens et l'ensemble de la Palestine, avec les Enakim primitifs et Avim, plaine jusqu'à

Gaza; Jébusites; Amorites, pentes du Liban, et au Sud, peut-être en Kabylie, et pays Basques, côtes sud Irlande et Angleterre; Girgashites, Géraséniens; Chivites, Anti-Liban, de l'Hermon à Émèse, ou Hamath sur l'Oronte; Arkites, Arka, au pied du Liban, jusqu'au nord de Tripoli; Sinites, Sin, même région; Arvadites, Arvad ou Ruad, île au nord de Tripoli; Zémarites, Simra ou Simyra, entre Tripoli et Arvad; Hamathites, Hama ou Hamath sur l'Oronte; puis, les Canaanites sur les deux rives du Jourdain et Mer Morte, ainsi que les plaines maritimes.

Limites : de Sidon à Gaza, vers Gérar, puis vers Sodome, Gomorrhe, Admah et Zéboïm, ou Cercle du Jourdain, par Judée est de Jérusalem, nord de Mer Morte, avant son extension par le cataclysme qui détruisit la Pentapole, à l'exception de Zoar — 2235-1865 environ — et Lasha, Leshem ou Laish, plus tard Dan, appelée de son nom, par la vallée du Jourdain (deux rives), la mer de Galilée et le lac Mérom au nord, et au sud du Liban, à Sidon.

Put se retrouve dans le nom d'un fleuve de la Mauritanie Tingitane; El-Araisch, port principal de la côte ouest, lui est identique : Berbères, Maures primitifs, en partie.

Les fils de Sem s'éloignèrent les premiers de la plaine de Shinar, se dirigeant vers le point où l'Euphrate se rapproche davantage du Tigre (El Deir ou Circesium, Is). Leurs groupes divisés se séparèrent; les fils d'Aram et de Lud remontèrent l'Euphrate jusqu'à sa boucle voisine de la Mer. De là, où ils s'établirent tout d'abord, ceux d'Aram s'étendirent, en se multipliant, à l'Est vers le Mont Masius, à l'Ouest et au Sud dans la direction de la Syrie et de l'Arabie. D'un autre côté, ceux de Lud poussèrent vers l'Asie Mineure, jusqu'au centre de cette région arrosée par les rivières du Méandre et de l'Hermus.

Les autres descendants de Sem s'établirent, les Assurites, près du point de la séparation première, où l'Euphrate avoisine le Tigre, occupant, à partir de là, toute la région entre ces rivières jusqu'à une ligne frontière tracée au nord de Ninive future; les Arpachshadites et les Élamites passèrent le Tigre et se fixèrent, ces derniers au nord du Karun, et les premiers au Nord, vers la contrée d'Arménie, entre les lacs de Van et d'Ourmia. Un groupe des fils d'Arpachsad, dont Héber fut le chef, se joignit aux fils d'Aram, et, franchissant l'Euphrate, fixa ses tentes à l'ouest du fleuve, à peu près sur la ligne prolongée de sa boucle ouest à la Mer Méditerranée.

Élam, ou sa contrée du même nom, à l'est du Tigre et au nord du Karun, après la subjugation des Chushites, en partie, s'étendant au nord sur le Tigre, jusqu'au Zab inférieur, bornée à l'ouest par les Monts Zagros.

Asshur, donnant son nom à l'Assyrie, entre le Tigre et l'Euphrate, depuis Sip-

para jusqu'à une ligne de l'Est à l'Ouest, au nord de Ninive, c'est-à-dire nord et ouest de Mésopotamie, peut-être jusqu'au Chabur, sud et sud-est du Mont Masius (chaîne du Taurus sud-est, entre les fleuves), ouest des Monts Zagros.

Arpachshad, fils aîné de Sem; d'où Arapachitide, sur le Zab supérieur ou Grand Zab, et, au Nord, leur région s'étendant depuis le Petit Zab, ou frontière d'Élam, le long du Tigre, au Nord.

Lud, intérieur de l'Asie Mineure, à l'ouest des Phrygiens et à l'est des Ioniens, le long de l'Hermus.

Aram, Mésopotamie au nord de l'Assyrie, jusqu'au Mont Masius, tout le pays à l'est des Canaanites jusqu'à l'Euphrate, et, au Sud, la partie nord de l'Arabie.

Fils d'Aram : Uz, plus tard pays d'Édom, au Sud, Arabie jusqu'au golfe d'Akabah, au Nord, peut-être Damas; habité par Job, et s'étendant au nord de la région est du Jourdain, fleuve le plus proche; Hul, région entre l'Oronte et l'Euphrate, ou entre Palestine et Coélesyrie; Gether, au nord de Hul, entre l'Euphrate et la Mer; tribus arabes de Gather, Themud et Gadis; Mash, Mont Masius, Taurus Oriental, nord de Nisibe, Tshudi.

Arpachshad, père de Kaïnan, père de Shelah, père d'Héber, père de Phéleg et de Joktan.

Fils de Joktan : Arabes appelés Cachtes; depuis Mesha, ou Moscha, port d'Ophir, Arabie Sud, Hadramaut, jusqu'aux monts de Sépharah ou Zaphar, dans Hadramaut, sud-est d'Arabie Heureuse, et les monts de l'Est, ou Zaphar nord-est d'Arabie, ou rivière Sajur, appelée Pitru par les Hittites, affluent ouest de l'Euphrate, vers le milieu de sa boucle, Pethor, patrie de Balaam, et les collines à l'est de l'Euphrate ; Almodad; Schaleph; Chazarmaveth, Hadramaut, côte sud arabique et sud-ouest Jerah; Hadoram; Uzal, Izal ou Sana, ancienne capitale du Yémen; Diklah, en Yémen, en face de Daklah, groupe d'îles et ville sur la côte est-africaine; Obal; Abimael; Sheba, ou Saba, extrémité sud-ouest d'Arabie; Ophir, intérieur de la côte sud d'Arabie; Chavilah, Hauran ou Havran, à l'est du Jourdain (Shur est Suez à l'est de l'Égypte); Jobab (ou Job); Arabie, Nord, Est et Centre Afrique à Sud, Océan Indien, Canada, Pérou.

Dynasties égyptiennes

Chronologie

Les variantes des Dates assignées à l'origine des premières Dynasties par les savants sont considérables, et, dans cet état de conjectures, il est permis de douter que leur point de départ soit aussi ancien, tout au moins, que l'ère antédiluvienne, ou plus reculé que le vingt-quatrième siècle avant notre ère; les premiers Rois, tels que :

Snefru, fin de IIIe Dynastie;

Pepi I, 3e Pharaon de la VIe Dynastie,

sont probablement des représentants des premiers fils de Cham et de ses petits-fils, avant la Dispersion des Noachides. — De la IVe à la VIe Dynastie, et surtout de la VIIe à la XIIe, l'influence des invasions du Sud ou de l'Éthiopie se fait sentir, et le caractère ethnique de l'Ancien Empire est modifié par des races nouvelles, qui fondent le Moyen Empire, datant principalement des XIe et XIIe Dynasties.

L'invasion des Hyksos se place à la fin de la XIIe ou au commencement de la XIIIe Dynastie en 2201 ou 2200, et la première date historique, Aunef, vers 2112 ou 2111, fin de cette Dynastie. Ils dominèrent de la XIIe à la XVIIe, les Pharaons de la XIVe leur étant soumis, avec ceux de la XVe Dynastie et des suivantes, 2098-1587 environ, parmi lesquels Apepa ou Apophis I, le Pharaon d'Abraham, 2106 = 1894, appartient à la XVe Dynastie.

La XVIIe Dynastie finit en 2413 = 1587 (ou en 2200 = 1800).

Ahmes ou Amosis I fonde la XVIIIe Dynastie, et achève l'expulsion des Hyksos ou Rois-Pasteurs, mais non celle des descendants de Jacob fixés les derniers en Égypte.

Amenophis III et Amenophis IV ou Chuen-Haten lui succèdent, puis Thotmès III, 1503-1440, sous lequel se place l'Exode des Hébreux, en 1494. Les Lettres de Tell el Amarna datent de 2500 = 1500 à 1550 = 1450; Ramsès I, Ménephtah I.

Séti I, 2e Pharaon de la XIXe Dynastie, de Thèbes, règne de 1366 à 1327 ou depuis 2730 = 1370.

Ramsès II, Sésostris, en 1340 environ, ou de 1275 à 1208; Ménepthah II, son fils, lui succède.

XXIe Dynastie en 1110; XXIIe Dynastie, Susiens ou Mongoliens, comme la XIIe avec Usertesen II, avec Osorkon II; XXIIIe Dynastie, en 766, avec Osorkon III; Sésac I appartient à la XXIIe Dynastie — en 900 ou 960.

Les Abrahamides émigrent à Charan et en Palestine; autres descendants par Cétura, sur les côtes de la Mer Rouge; Ismaélites ou Sarracènes, au nord-ouest de l'Arabie et Orient; Bédouins en partie.

Fils d'Abraham et de Cétura, mêmes noms que plusieurs descendants de Chush et de Joktan.

Vers l'Est, dans l'Iran, les Afghans, Yuzafzais ou Duranis actuels, avec les Mohmands et Mahmunds, Bajaoris, Swatis, jusqu'à l'Hindu-Kush, sont des Sémites ou Juifs du Nord transportés à la Captivité du Royaume d'Israël, mélangés à des Grecs, colons d'Alexandre, Kafirs et Barkais, Logars et Barakis au delà de l'Hindu-Kush.

Kumaons, dans l'Himalaya Sud, entre Kashmir et Népal, type Sémite en partie.

Arabes et leurs Dynasties historiques ou tribus, habitant l'Asie et l'Afrique Nord et Est; Laquedives et Maldives; en partie, peut-être, Abasiens, Abyssinie; Azaniens, Zanzibar; Sabéens, Mozambique : Arabie et Centre Afrique.

Les Chamites envahirent les Indes par l'Hindoustan, avec les Dravidiens et Tamiles, et les premiers Australiens aborigènes (Néanderthaloïdes) en partie, jusqu'aux extrémités des Continents du Sud : Boomerang d'Australie et de l'Uganda africain. Ils devinrent négroïdes dans les Andamanes (Tabo), en Tasmanie, dans les Philippines, la Péninsule Malaise, Formose et Liou-Kiou — Négritos de Luçon et autres — la Nouvelle-Guinée — Papuasiens et Négritos — et les archipels voisins de Mélanésie, les îles Fidji et Viti, l'Australie Nord-Orientale, Nouvelle-Calédonie, Hawaï et Nouvelle-Zélande, même Polynésie Est et Sud, à Californie et Pérou. Limite des Négritos et Papous, Mariannes et Carolines respectivement, en Micronésie; Négritos primitifs, dolichocéphales, puis brachycéphales, Nègres Papous, dolichocéphales, Brahuis du Bélouchistan, alliés aux Dravidiens, comme les Saharyas primitifs et les Gonds des provinces de l'Inde centrale, les Moys de l'Indo-Chine Nord et les Semang, Péninsule Malaise Nord et Siam, races négroïdes et pygmées.

Les descendants de Chush formèrent les populations les plus primitives du Soudan, de l'Afrique équatoriale et méridionale : les Négrilles ou les Pygmées du Centre et du Congo, les Bushmen et Hottentots, les Nègres proprement dits des bassins du

Nil, du Tchad et du Niger, les Nègres du bassin du Congo, et les Nègres Bantus qui présentent le type de l'Afrique occidentale, modifié par celui des Chamites qui vinrent plus tard, Gallas et Somalis, envahir les Contrées du Nil et des Lacs du Centre Africain. Le pays de Punt, Nord, côte des Somalis et d'Hadramaut, ainsi que le Golfe Persique, fut l'origine des Phéniciens et de leurs colons, dès le vingtième siècle. Caraïbes Américains venus, peut-être, de l'Afrique occidentale, ou de Polynésie.

Invasion Chamite d'Afrique par Nil, Soudan, Ouest, Est et Sud autour du bassin du Congo, par Nègres dolichocéphales, après les peuplades Pygmées des grandes forêts actuelles, qui représentent une race primitive, comme celles de l'Asie, s'étant étendue jusqu'au Niger; les premiers, Pygmées dolichocéphales avec Hottentots et Boschismans, les derniers, brachycéphales du Centre Africain.

Invasion de forêt du Congo, par sud-ouest et par nord-ouest. Bantus, venus du Tchad, nord bassin du Congo, et ouest bassin du Nil, concentrés dans Uganda ou Baganda; remplacés au Nord par d'autres peuples Nilotiques, qui envahirent aussi l'Égypte. Lybiens et Nègres forment les Fulbeh, vers Centre Afrique et Niger. Chamites de l'Égypte, par Haut-Nil et migration en retour, s'étendant vers Bahr-el-Ghazal et Nyam-Nyam (Gulas, Saras), et vers Bénué, Zulus-Bantus, Nègres et Manyemas des Lacs, du Tanganyika à Sud-Afrique. Ensuite, de l'Arabie ou côtes de l'Océan Indien, les Abasiens arrivent en Abyssinie; les Azaniens se fixent à Zanzibar, jusqu'à Quilimane ou Rhapta; les Sabéens, du Zambèse au Limpopo, Mozambique et Sofala ou Sofara, Ophir et Cap Corrientes, Punt, Sud, des Égyptiens; les Bahimas ou Bawiras, vers le Centre Africain, ainsi que les Ba-Ma'in ou Minéens. Ce sont les mêmes peuples dont l'origine serait attribuée, en partie, aux fils de Sem. Les Sabeis, Elgumis du mont Elgon ou Wamias, se rattachent à eux, ainsi que les Masaïs et tribus du Nord-Est. Leur occupation de l'Est et Sud-Est Africain se place au onzième siècle avant notre Ère, le Zodiaque retrouvé dans le pays des Sabéens, au Sud, et commençant par le signe du Taureau, étant usité à cette époque, bien que plus ancien. Les Himyarites ou Cachtides, fils de Joktan, Sémites, ont pu habiter d'abord l'Est-Afrique et le Zambèse; puis eut lieu l'occupation par des tribus des Chamites, autres que les Chamites primitifs Nègres, jusqu'à l'Ile de Madagascar.

L'invasion des Chamites Bahimas (Gallas, Somalis et Arabes Chamites) se place avant le dixième siècle qui précède notre ère; venus par Nil et Lacs à l'ouest d'Uganda, ils occupent le centre des Bantus Nègres.

Vers notre Ère, invasion de l'Est et Sud-Afrique par les Bahimas-Bantus; plus

tard refoulés ou émigrés vers le Nord; remplacés par Zulus-Bantus primitifs. Le pays d'Ophir, Sophara ou Sophala, Pays des Mines, pays de Punt, jusqu'au Zambèse et Limpopo au Sud, peuplé par des Chamites primitifs, par Arabes, Sabéens et autres, Sémites et Chamites, colonisé par Phéniciens, Juifs, Égyptiens; Hottentots aborigènes partie mêlés à ces races, partie dérivés d'elles. Caffres ou Caffirs, Basutos, sont des Zulus-Bantus, ainsi que Sakalaves en partie.

Race blanche, noire et nègre, jaune et rouge en partie, d'Asie et d'Afrique, d'Europe en partie et d'Amérique.

Japhétites : Gomer, aussi Cappadoce et Cilicie à Mer Noire, Don à Danube.

Fils de Gomer : Askenaz, aussi sud d'Arménie, Minni entre l'Euphrate et l'Ararat; Riphath, aussi plaines basses de Sarmatie, Oural et Caucase, sources du Don ou de la Volga; Thogormah, aussi Arménie en général, entre Cappadoce et Médie, Turkestan.

Magog, Mogul, d'où races jaunes et rouges d'Asie et d'Amérique; Turan, Asie Centrale et Intérieure; tribus du nord du Turkestan, Russe et Chinois, de partie de Perse — Cushites mélangés — et d'Afghanistan, Hazaras, Ghilzais, Kakhars, Monguls du Bélouchistan, Kazaks, Kalmouks, Tartares, Mongols et Mandchoux, jusqu'à la Sibérie extrême Nord, avec les Esquimaux d'Asie et d'Amérique, jusqu'à l'embouchure de la rivière Hudson anciennement, les Finlandais, Magyars, Norvégiens, Normands, Anglais en partie, Japonais, jusqu'au Thibet Sud et Oriental avec migrations vers Birmanie et Indo-Chine.

Madai, Iran, Scythes nomades au-delà du Caucase. Les Arimaspes de la Haute Asie, d'où sortirent à l'Orient les peuples de race jaune, en partie, refoulèrent les Issédons ou anciens Mèdes, vers l'Ouest, et ceux-ci chassèrent les Scythes ou Slaves, des régions de l'Iaxarte, près de la Mer Caspienne; les Scythes remplacèrent les Cimbres entre le Don et le Danube. Les Lithuaniens d'abord, et les Germains, suivirent les Slaves, détachés de la même souche, à l'ouest de la Caspienne et du Caucase.

Mèdes, Asie Centrale, appelés d'abord Aryens, monts et plateaux d'Iran et Turan en partie : limites d'Iran, nord de Bactriane et Sogdiane, vallées d'Oxus, de Zarafsan, et d'Iaxarte, Bokhara, Samarkand et Khokand. Ils envahirent l'Hindoustan depuis le vingtième siècle avant notre ère.

Tribus du Bélouchistan, des frontières de l'Inde, en partie, au nord et nord-ouest, et autres de l'Hindoustan, les Australiens primitifs et Tasmaniens en partie, les tribus de la Perse et de l'Afghanistan, en partie, Pathans, Orakzais, Afridis, Waziris; les Gurkhas, Dotiaks, Bhotias des Himalayas, versant sud, Brinjaras de l'Inde, Bundelas, avec les peuples Hindus et Singhalais, Veddas et Sakais de la Péninsule Malaise, tribus en Birmanie, peut-être, et migrations en Malaisie récentes.

Les Hittites, originaires en partie de la Scythie et Haute-Asie, rattachés aux Hyksos, fils de Magog et de Madai en partie.

Les invasions successives, par la Haute-Asie et le Thibet Oriental, furent celles des Indonésiens, d'abord, blonds et dolichocéphales, Aryens du Nord, paléolithiques et néolithiques, en deux ou trois invasions de la Polynésie : Nicobares, Schompen et autres, Engano, Hawaii et Nouvelle-Zélande, Maoris, Ainos d'Asie Orientale et du Japon. Les peuplades et tribus des Indiens ou aborigènes de l'Amérique du Nord, les Hommes Rouges, dont le type se retrouve entre la Chine et le Thibet du Nord, tribus d'Ordos, les tribus de l'Amérique du Centre et du Mexique avec les Antilles, ainsi que celles de l'Amérique du Sud, se rattachent à cette migration, et les dernières, aussi à la migration suivante.

Plus récemment, après la première migration, furent peuplées à nouveau — néolithiques, bruns, dolichocéphales ou brachycéphales, avec Mélanésiens, Aryens de l'Ouest en Polynésie — les îles du groupe de Mentavei, peut-être Nias, Samoa, les Iles Polynésiennes orientales et australes. Les Prémalais, venus ensuite, issus des Mongols, qui formèrent les Chinois et les Japonais, et mêlés aux Indonésiens de l'Asie Est et Sud, sont les Battaks de Sumatra, les Dyaks de Bornéo, les Igorrotes des Philippines, tribus de Nias et autres types, confondus avec d'autres races. Enfin, les Malais, branche de race Mongole, mêlés aux Indonésiens et Chinois, connus à l'époque de Ptolémée, deuxième siècle de notre ère, avec Buddistes venus de l'Hindoustan au cinquième siècle, primitivement de la contrée de Menangkabo, Sumatra, ou des côtes de la Péninsule Malaise (Jakum), occupèrent les autres îles et archipels ; à eux se rattachent les Hovas de Madagascar.

Les Hindus dominèrent jusqu'aux treizième et quatorzième siècles, et à la fin du quinzième siècle à Java. Les Arabes, connus en Chine au neuvième siècle, envahirent l'archipel de Malaisie aux douzième et treizième siècles, et les Philippines (Mindanao) au seizième siècle.

Races de la Birmanie : les Salon, de l'archipel Mergui, Prémalais ou Indonésiens. Les Mun ou Talaung du Delta, primitivement d'Assam à l'Annam, les plus anciens représentants des peuples de race Japhétite ; les Birmans, formés des Chin des montagnes d'Arracan, refoulèrent les Karen de l'Est et Sud-Est, peut-être alliés eux-mêmes aux Siamois (et Dyaks de Bornéo), encore partie importante des plateaux à l'Est ; les Shan, ou Taïs, venus de la Chine depuis deux mille ans, occupent

les contrées depuis le Laos jusqu'au Manipur, et luttent pour la suprématie dans les grandes vallées avec les Birmans : confinés à la région des plateaux du Nord et Nord-Est; enfin, les Kachin, plus récents de tous, dans les états et provinces frontières de la Chine et du Yunnan. Les uns et les autres, à l'exception des deux derniers peuples, venus du Thibet Oriental, dont les tribus leur sont alliées, ou de la Mongolie, ou en partie des Indes et des Himalayas de l'Est, localisés et divisés par les chaînes de montagnes; Karen, du Désert. Mun et Karen, premières invasions des Indonésiens (ou Prémalais); Birmans (et Chin), deuxième invasion ou même Prémalais, Malais peut-être à leur origine de race; les Shan et Kachin, races chinoises et dérivées; les Karen, peut-être Mongols, depuis treize cents ans dans leur habitat actuel. Karen, Chin et Kachin, peut-être Prémalais à différentes époques.

Indiens des Guyanes réunissent les caractères des deux migrations Indonésiennes, entre les deux Amériques. En Asie, leur limite peut être tracée à l'est de Sumbawa, de Célèbes et des Philippines, avec l'arc et la flèche au poison vers le Pacifique et à Mentavei chez la première, la barbacane (même au Japon et en Amérique Nord-Ouest) et la flèche au poison chez la dernière, vers la Malaisie et l'Equateur, l'arc en S des Andamanes et de la Mélanésie Orientale. Le Putchkohu des Mohis de l'Arizona est un genre de Boomerang. En Amérique, la limite de ces deux migrations est à peu près la frontière sud du Nicaragua ainsi que le Honduras. Les Incas du Pérou et de la Bolivie ou Chili présentent des indices d'origine juive et chaldéenne (peuples disparus de l'Ile de Pâques), — peut-être des Chamites, — dérivés de la deuxième migration, probablement, comme les Araucaniens; Fuégiens et Oñas de l'extrême Sud-Américain, tribus primitives ou isolées de la même migration. Tribus du Mexique et Antilles, peut-être Chamites, en partie, venues de Méditerranée.

Fils de Javan : Grecs en général. Toutes leurs tribus et leurs peuples formaient les Pélasges primitifs, dont sortirent les Hellènes (et les Doriens), les Étrusques et les Ibères (Picts), ainsi que les Gaulois (ou Cimbres et Celtes) primitifs et les Bretons, qui occupèrent les côtes de la Méditerranée et de l'Europe Occidentale avant les Celtes et les Germains.

Ibères, Espagnes et France Sud jusqu'au Rhône, limite des Ligures; avec Ombriens (Ossiens) de Nord-Italie, en Bas-Languedoc; puis Gaulois (Volces).

Les Celtes (ou Cimbres récents) avec langue à double dialecte, aryenne, Brythonique et Goldhaelique, à cheveux rouges, les Belges à cheveux couleur de cire, les Teutons et Scandinaviens ou Slaves à cheveux jaune doré, blonds et dolichocéphales, à yeux gris-bleus, teint clair, se succèdent en Europe; Anglo-Saxons actuels; les Basques sont des Ibères (Vascons), ou des Chamites Amorites.

Les Berbères bruns dolichocéphales, à yeux noirs, teint foncé, du Nord de l'Afrique, représentent, en partie de la population, le type des Japhétites Ibères (Ioniens ou Pélasges); ce sont les Numides de l'histoire.

Les Berbères bruns brachycéphales sont des Celtoligures qui envahirent même l'Egypte dès le quinzième siècle avant notre ère : peut-être origine des Gallas actuels en partie, ou origine Chamite commune.

Les Berbères blonds (ou châtains) dolichocéphales peuvent être des Teutons, Slaves ou Scandinaviens, races des Asturies, — aussi Kabyles et Aurès, Biskra, El-Kantara — Magazigh ou Nabeul de Tunisie, type commun aux Hommes du Nord qui envahirent souvent l'Europe celtique et historique, ou des Ibères, comme d'autres tribus semblables d'Afghanistan.

Thubal et Meschech, famille des Scythes; Thiras, nord de l'Europe pour les Grecs, Thraces, comprenant la Scythie, puis limitée au nord du Danube; Thrace, entre le Danube, la Mer Noire (avec la Bithynie), la mer Égée au Sud et l'Illyrie à l'Ouest; c'était la péninsule des Balkans.

Néanderthaloïdes et Esquimoïdes (Pygmées du Nord) — Chelléens avec Moustériens et Paléolithiques, Veddahs de Ceylan — Magdaléniens, dolichocéphales; Néolithiques primitifs et lacustres, brachycéphales; néolithiques de transition — Robenhausiens, migrations doubles de dolichocéphales, Ibères et Celtibères, âge de pierre, et âge de bronze avec les Celtes et autres; néolithiques récents et lacustres, brachycéphales, continués par les Ligures et autres que les Allobroges; Cimbres ou Celtes, Belges et Teutons ou Normands, dolichocéphales avec ces derniers (Allobroges), mélangés aussi aux Ligures; dolichocéphales modernes, Burgondes, Normands, même Sarrazins. Les dolichocéphales de transition, pierre et bronze, sont Ibères ou Préceltes, Ceutrons de Savoie, ou Celtes; Allobroges et Cimbres, Gaulois, âge de fer.

Toulouse, Imprimerie et Librairie ÉDOUARD PRIVAT, rue des Arts, 14. — 5972

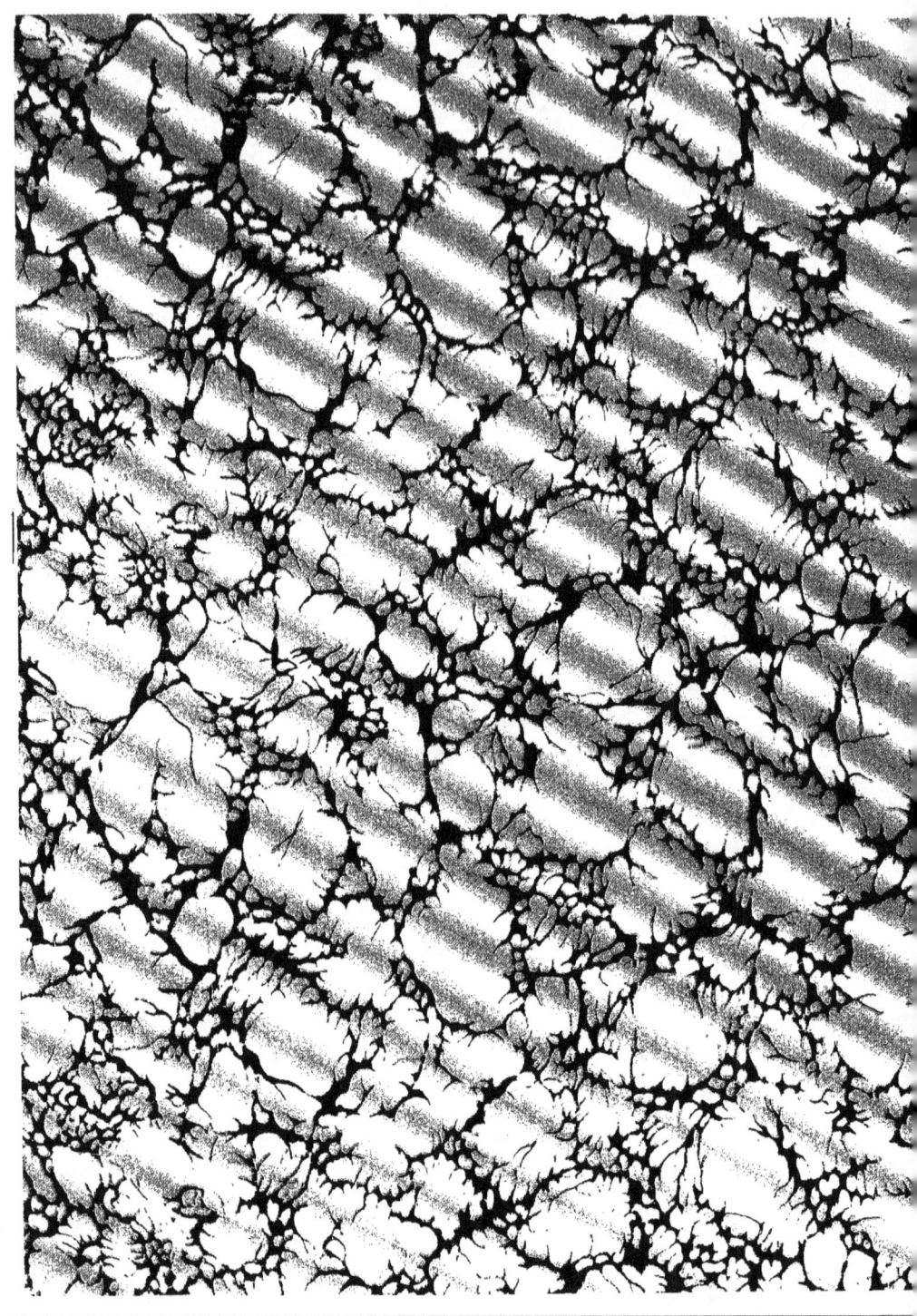

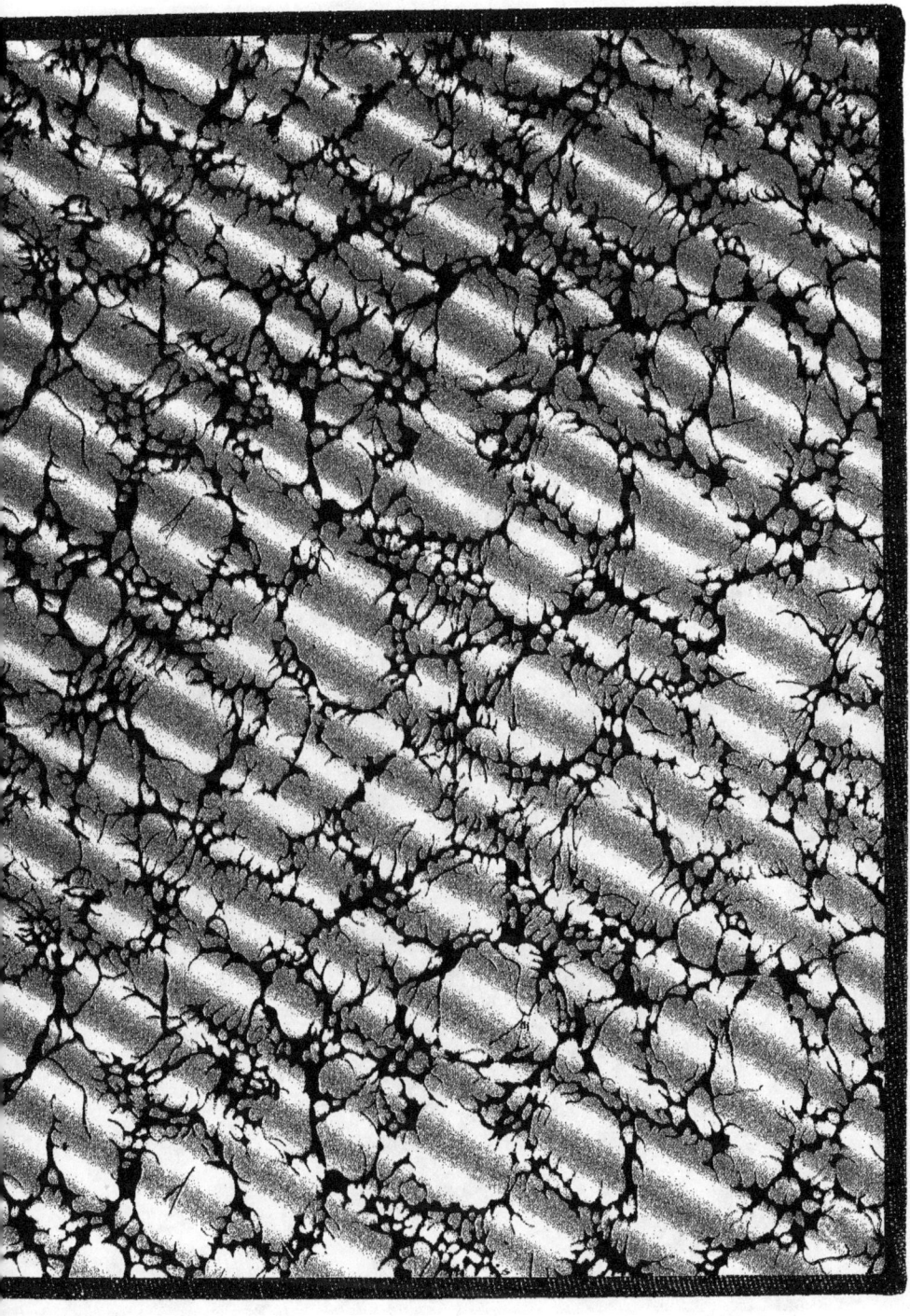

www.ingramcontent.com/pod-product-compliance
Lightning Source LLC
Chambersburg PA
CBHW070523100426
42743CB00010B/1924